Jan Weiler
Die Ältern

Jan Weiler

DIE ÄLTERN

Illustriert von Till Hafenbrak

PIPER

Mehr über unsere Autoren und Bücher:
www.piper.de/literatur

Von Jan Weiler liegen im Piper Verlag vor:
Und ewig schläft das Pubertier
Kühn hat Ärger
Kühn hat Hunger

MIX
Papier aus verantwortungsvollen Quellen
FSC® C083411

ISBN 978-3-492-07064-5
© Piper Verlag GmbH, München 2020
Einband- und Innenillustrationen: Till Hafenbrak
Satz: Kösel Media GmbH, Krugzell
Druck und Bindung: CPI Books GmbH, Ulm
Printed in Germany

DIE ÄLTERN

DER LAUF DER DINGE

Alles begann damit, dass mir mein Erziehungsauftrag allmählich abhandenkam. Jahrelang bestand dieser darin, den Pubertieren in unserem Haushalt zu sagen, dass sie Jacken aufhängen, Teller abräumen und die Eckpunkte des Zitronensäurezyklus auswendig lernen sollten, anstatt darüber zu diskutieren, *warum* sie jede einzelne dieser Tätigkeiten verrichten mussten.

Aber in den letzten drei Jahren ist diesbezüglich eine beidseitige Erschlaffung der Wehrhaftigkeit eingetreten. Manchmal machen Carla und Nick daher nützliche und sinnvolle Dinge, ohne dass man es ihnen gesagt hat. Und immer häufiger ist es mir egal, wenn sie es nicht tun. Ihre Sache, denke ich dann. Immerhin sind sie teilweise größer als ich. Folgerichtig werde ich immer nachlässiger. Ich will zum Beispiel keine Vorträge mehr halten. Ich will nicht mehr wach bleiben, bis die Kinder endlich nach Hause kommen. Ich will keine Ernährungstipps mehr geben. Ich will keine Hygienevorschläge mehr unterbreiten. Kurz: Ich will nicht mehr hauptamtlicher Vater sein. Und Sara geht es in ihrer Rolle ähnlich. Sie spürt, dass ihre Qualitäten als Beautyberaterin nicht mehr gefragt sind. Sie muss nicht mehr in Liebesdingen vermitteln. Sie verliert die Schuhgrößen und die Freunde der Kinder aus dem Blick.

Wir fingen irgendwann an, uns darüber Gedanken zu machen, was wohl aus uns werden würde, wenn Nick und Carla tatsächlich einmal auszögen. Ob wir dann überhaupt noch eine Existenzberechtigung haben würden. Das sind kummervolle, aber entscheidende Fragen, die sich viele Eltern stellen. Und manchmal sind die Antworten unerquicklich, zum Beispiel in Weltgegenden, wo Vati und Mutti nach erfolgter Brut und Aufzucht einfach massakriert oder in unwegsames Gebiet geschickt werden, von wo sie niemals mehr zurückkehren.

Um dem vorzubeugen, blieben wir weiter dran an Nick und Carla. Aber deren Ziele, Vorlieben und Aufgaben ändern sich fast täglich, und für deren Bewältigung brauchen sie uns immer weniger. Sie können Schnürsenkel binden und alleine nach Berlin fahren.

Im Lichte dieser Entwicklungen – und obwohl ich eine sagenhafte, flauschig befiederte Glucke bin – denke ich selber inzwischen, dass man langsam mal über Veränderungen nachdenken könne. Das kommt in Momenten, wo ich von mir selber genervt bin, zum Beispiel von meiner seismischen, aber auch kleinbürgerlichen Fähigkeit, sämtliche Familienmitglieder am Reinkommen zu erkennen. Bei Nick ist das am einfachsten. Er wirft die Tür zu, wumms. Dann lässt er seinen Rucksack fallen, rumms, dann geht er ins Wohnzimmer, schlurf, und lässt sich auf die Couch fallen, was ein nicht näher beschreibbares Plumpsgeräusch macht, das lautmalerisch ungefähr klingt wie »sack«. Einmal dort installiert, verschmilzt er mit dem Polster und ist für Gruppendiskussionen nur schwer zu gewinnen.

Diese haben eine ganz andere Dynamik als früher. Sobald es um Themen geht, die abgestimmt werden wollen, driftet der Familienverbund unheilvoll in vier verschiedene Richtungen. Ein Beispiel: die gemeinsamen Mahlzeiten. Sara muss die Essensfrage ständig neu stellen und meistens auch selber beantworten. Unsere Kinder sind da nicht sehr konstruktiv. Carla beantwortet die Frage, was sie essen wolle, dahingehend, dass es ihr egal sei, es dürfe allerdings nichts sein, was vier Beine habe. Nick will im Grunde immer Nudelauflauf essen. Und wenn ich gefragt werde, habe ich angeblich unrealistische Wünsche. Wobei ich mich frage, was an einem Sorbet von Pinienkernmilch, einer Portion Seeteufelleberscheiben an Risotto und einem gekühlten Kardamom-Toffee-Schaum nicht machbar sein soll.

Jedenfalls fühlt Sara sich im Stich gelassen, und vor Kurzem platzte ihr der Kragen: Sie kochte gar nichts mehr. Sie erklärte, sie trete in Streik, bis ihr wieder die nötige Wertschätzung entgegengebracht werde. Also schlug ich vor, den Küchendienst gerecht zu teilen. An zwei Tagen in der Woche würde ich kochen, an zweien sei Sara dran, Nick müsse einmal an den Herd, Carla auch. Und sonntags gingen wir gemeinsam aus. Komischerweise akzeptierten alle diese Regelung, was daran lag, dass ich den Begriff »Kochen« nicht exakt definiert hatte. Bei Carla bedeutet er nämlich nicht zwangsläufig, dass man etwas zubereitet, sondern dass es was zu essen gibt. Als sie das erste Mal dran war, beauftragte sie folgerichtig einen Lieferdienst mit der Zubereitung asiatischer Speisen, die von einem schlecht organisierten Abiturienten in einer grünen Plastiktüte gebracht wurden, und zwar erstens weitgehend vermischt, zweitens deutlich nach zweiundzwanzig Uhr, drittens gut gekühlt und viertens auf Rechnung meiner Kreditkarte. Sara kochte an ihren Tagen, was sie immer kocht, ich probierte ziemlich erfolglos Rezepte meiner Mutter aus, und der Einzige, der aus der Regelung wirklich etwas machte, war Nick. Seine Ideen bezieht er aus der *SUPER-Illu*, dem Zentralorgan für Lifestyle hinterm Mond. Das Magazin liegt komischerweise im Schulsekretariat aus, in welches unser Sohn mehrmals pro Woche aus disziplinarischen Gründen muss. Er bringt von dort herrliche Menüs mit nach Hause. Gestern war wieder sein Tag. Er gab den Einkauf der Zutaten bei mir in Auftrag, und ich wunderte mich zwar über diese Liste, aber keiner darf sich bei einem anderen Familienmitglied einmischen. Außerdem war ich ja froh, dass er kochte. Er benötigte unter anderem ein ganzes Bauernbrot, drei Eier, ein halbes Kilo Sauerkraut, 50 Gramm Butterschmalz und 700 Gramm Bratwurst, sowie Milch und ausreichend Sahne. Am Ende gab es Bratwurst-Torte. Man braucht ungefähr drei Tage, um dieses Gericht zu verstoffwechseln. Danach kann man die inneren Organe mit leichter Brühe und etwas gedünstetem Gemüse langsam wieder aufbauen. Sara kündigte daraufhin an, bis auf Weiteres wieder freiwillig zu kochen.

Sich nicht mehr einigen zu können, weil sich nun einmal der Blick aufs Leben verändert, ist vermutlich normal. Und ebenso üblich ist es, dass irgendwann der Vorwurf der Kinder aufkommt, der Blick der Eltern sei insgesamt etwas verengt. Mit anderen Worten: Man sei ein Spießer. Das ist tatsächlich kaum zu ertragen. Wenn es etwas gibt, dem man als Deutscher entgegenwirken möchte, dann der Zuschreibung als Spießer. Und ich bin auch keiner. Dafür bin ich viel zu modern, aufgeschlossen und kosmopolitisch eingestellt. Auch wenn ich prinzipiell nichts gegen Strickjacken habe.

Carla nannte mich jedenfalls einen Spießer, wobei sich ihre Definition durchaus dehnen lässt. Mal ist man ein Spießer, weil man es nicht mag, wenn sich die Fernbedienung anfühlt wie die von Milchspeiseeis verklebte Hand eines Vierjährigen. Dann ist man ein Kleinbürger, wenn man sinnvolle Haushaltsentscheidungen trifft. Zum Beispiel habe ich einen Wassersprudler angeschafft, was Carla entgegen meiner Annahme uncool fand, weil riesige

Plastikflaschen mit französischem Mineralwasser zu ihrem Lifestyle gehören.

Dabei sind Wassersprudler genial. Man schraubt eine Flasche hinein, drückt einen Knopf, dann macht das Gerät ein obszönes Geräusch, und man kann ihm eine sprudelnde Köstlichkeit entnehmen. Die Vorteile dieses Verfahrens leuchten ein: Man muss keine Wasserkästen mehr schleppen und hat ständig Nachschub, weil die Leitung nie versiegt. Der einzige herbe Nachteil dieses Produkts ist dessen Gestaltung. Das Ding sieht aus, als hätte Darth Vader versucht, einen Feuerlöscher zu entwerfen. Zum Trost sind die mitgelieferten Flaschen relativ hübsch. Jedenfalls wenn man eine hat. Wir besitzen drei, aber sie sind nie da, weil sie bei Nick unterm Bett wohnen. It's magic: Kaum, dass man sie dort hervorgeholt, aufgefüllt und in den Kühlschrank gestellt hat, sind sie wieder in seinem Zimmer. Dort keimen sie halb voll vor sich hin. Wenn man sich darüber beschwert, wird einem eine altmodische Wesensart unterstellt. Und die Suche unter seinem Bett gilt als freche Grenzverletzung.

Überhaupt Grenzen: Die sind gut bewacht, und ich übertrete sie selten. Zum Beispiel wecke ich die Kinder nicht mehr. Früher habe ich das gerne gemacht. Aber Sara und ich müssen nun morgens nicht mehr so früh aufstehen. Mein morgendlicher Service, bestehend aus Rührei mit gepresstem Orangensaft, für den ich zehn Jahre lang um halb sieben das Bett verlassen habe, wurde vor Kurzem für immer storniert. Carla lehnte diese von Herzen kommende Sonderdienstleistung irgendwann als patriarchalische Unterdrückungsgeste rundweg ab, und Nick hat mir erklärt, er brauche morgens kein Frühstück. Er könne gut darauf verzichten. Er habe sich nie getraut, mir zu sagen, dass er eigentlich morgens gar keinen Appetit habe. Jahrelang habe er nur etwas gegessen, um mir eine Freude zu machen.

Und dann fügte er hinzu, dass er auch nicht mehr geweckt werden wolle. Er sehe es als einen Meilenstein an, von selber aufzustehen. Er sei groß, seine Eltern könnten gerne weiterschlafen. Genau das geht aber nicht. Da ist etwas in mir zerbrochen. Nach einer über zwanzig Jahre andauernden Konditionierung ist es mir unmöglich, länger als bis halb sieben zu schlafen, was Sara neben mir fabelhaft gelingt. Ich hingegen sehe heimlich nach, ob Nick aufgestanden ist. Ich möchte nicht, dass er mich sieht, also verstecke ich mich und höre zu, wie er sich pfeifend einen Espresso zubereitet.

Wenn er weg ist, gehe ich nicht mehr ins Bett, denn ich kann sowieso nicht mehr schlafen. Ich warte dann darauf, dass Sara aufwacht, um ihr zu erzählen, wie lange ich schon wach bin. Und weil ich so früh schon auf bin, absolviere ich gerne nachmittags ein Nickerchen, was von meinem Sohn als »Seniorendämmerung« bezeichnet wird.

Die Kinder kommen sehr gut ohne ihre Eltern klar, denn sie können sich selber etwas zu Essen bestellen, und man kann ihnen kaum etwas beibringen, was sie nicht selber googeln könnten. Manchmal fühle ich mich regelrecht nutzlos. Nicht einmal als Berufsberater werde ich noch gebraucht. Carla ist bereits Künstlerin, eigentlich war sie das schon mit sechs Jahren und Nick erklärte mir kürzlich, er habe sich diverse Business-Cases überlegt und stehe vor der Gründung eines Start-ups. Er könne damit sogar in dieser Fernsehshow auftreten, bei der *Höhle der Löwen*. Ich bat ihn, doch mal seinen Vorschlag zu pitchen, also stellte er sich breitbeinig vor mir auf, faltete die Hände vor den Körper und sagte den Satz, mit dem jeder erfolgreiche Gründer seinen Vortrag beginnt, nämlich: »Jeder kennt doch das Problem.« Ich nickte. Ein Start-up, das wirklich ein Problem der Menschheit löst, kann nur ein Hammer sein.

Nick holte Luft und sagte: »Man steht in der Küche, will sich ein Spiegelei machen und stellt fest: Mist, kein Speck da.« Gut. Schlimmer wäre jetzt tatsächlich, wenn kein Ei da wäre, aber ich wollte ihn nicht unterbrechen. Nick erläuterte dann ausführlich, dass der Speckmangel in deutschen Haushalten ein signifikantes Problem sei. Sein 24-Stunden-Online-Speckversand werde diese Lücken schließen. Das Angebot umfasse nicht nur Speckstreifen, sondern auch geräucherte Ware, Würfel, rohen Speck, Schinkenstreifen, Lardo, Tiroler Speck, Südtiroler Speck, Speck am Stück und sogar Speckstein. Ich war ganz begeistert und fragte ihn nach dem Namen seiner Firma, denn der Name ist ja bekanntlich das Wichtigste. Und dann haute er ihn raus, den Namen seines 24-Stunden-Online-Speckversands, und ich denke, das wird ein Renner. Seine Firma heißt: *Specko mio*.

Manchmal bringt mich diese frühe Erwachsenheit zur Verzweiflung. Diese Geschäftstüchtigkeit. Dieser Sinn für das Ferne. Wir waren jedenfalls länger jung. Wir gingen in dem Alter nicht in Restaurants, wir bestellten nichts im Internet, und wir entwarfen auch keine Gründervisionen. Und wir lernten Dinge, die wir für lebenslange Gewissheiten hielten. Zum Beispiel erzählte ich Carla neulich, dass wir vor fünfunddreißig Jahren im Matheunterricht unsere Taschenrechner nur sehr begrenzt benutzen durften. Unser Mathelehrer sagte damals: »Später im Leben, da habt ihr auch nicht ständig so ein Ding dabei. Wer hat schon immer einen Taschenrechner zur Hand?« Carla lächelte, winkte mir mit ihrem Smartphone zu, und dann sagte sie genüsslich: »Tja, da haben sie euch aber damals sauber verarscht.«

Ja, da ist was dran. Dieser höllische Pragmatismus dieser Generation macht mich fertig. Die sind so klug und brauchen uns so wenig. Manchmal leiden Sara und ich richtig darunter, dass die Kinder groß werden. Nicht nur, weil sich dann unser Leben zu verändern droht. Es ist ja auch so: Man fühlt sich immer ungefähr zehn bis zwölf Jahre jünger, als man tatsächlich ist. Demnach bin ich Ende dreißig, Anfang vierzig. Aber meine Kinder sehen das natürlich anders. Für sie stehe ich kurz vor dem Renteneintritt.

Ich dachte lange darüber nach, und am Ende

wurde mir klar: Es ist nicht nur so, dass die Kinder erwachsen werden. Wir verändern uns auch. Aus Eltern werden Ältern.

Von diesen beiden untrennbar miteinander verbundenen Entwicklungen handelt dieses Buch.

DER HUMOR-REKRUT

Unser Sohn besaß schon immer einen fabelhaften Sinn für Komik, der jedoch wie seine Frisur beängstigenden Entwicklungen unterworfen ist. Er hat sich inzwischen zu einem bösartigen Adoleszenz-Humor entwickelt und befindet sich an der Schnittstelle zwischen normaler Albernheit und sinnlosem Manöver-Gelaber, das entsteht, wenn Rekruten mit winzigen Klappspaten die Lüneburger Heide umgraben müssen und zur Belohnung abends Dosenbier serviert bekommen.

Bei Nick ist eine fatalistische Einsicht ins Unvermeidliche zu spüren, bei gleichzeitiger Verächtlichmachung des Schicksals. Dann fügt er sich zum Beispiel in das Los, ein Referat über sein Lieblingsthema »Müdigkeit« vorzubereiten und kündigt an, sein zehnminütiger Vortrag werde aus Gähnen bestehen. Besser könne man Müdigkeit nicht an den Mann und an die Frau bringen.

Nick entwickelt zudem einen Sarkasmus, den es

früher bei ihm nicht gab. Da bestanden seine Witze noch aus originellen Sprachspielen. Beispiele: Was ist grün und rennt durch den Wald? Ein Rudel Gurken. Was ist glücklich und grün und springt über die Wiese? Eine Freuschrecke. So was in der Art. Doch nun hat eine gewisse Bosheit Einzug gehalten, und die Scherzfragen werden gemeiner: Was macht ein Schalker, nachdem er deutscher Meister geworden ist? Er macht die Playstation aus. Wie nennt der Kannibale einen Rollstuhlfahrer? Essen auf Rädern.

Auch im Umgang mit seinen Eltern ist er schärfer geworden. Dumme Fragen sollte man tunlichst vermeiden. Sara stellte sich neulich an die Badezimmertür und rief: »Duschst du?« »Nein, ich übe Posaune«, rief er zurück, und ich finde, das war eine ausgezeichnete Antwort. Neulich kam er mir im Haus entgegen und ich sagte den zugegebenermaßen recht einfältigen Satz: »Ich wusste gar nicht, dass du schon zu Hause bist.« Darauf blickte er erschrocken an sich herunter und rief: »Oh. Ich auch nicht.«

Am Abend der letzten Wahl in Frankreich sah ich mir die Sendung von Anne Will an, was er einen absurden Anachronismus findet, nicht wegen Anne

Will, sondern wegen des Fernsehens an sich. In der Runde wurde Gesine Schwan eingeblendet, und Nick sagte: »Hey, cool. Thomas Gottschalk.« Eine halbe Minute später erklärte er seinen Fernsehabend für beendet, indem er sagte: »Eine Talkshow über Frankreich – und Franck Ribéry ist nicht dabei.«

Aber es gibt auch ernsthafte Themen im Leben unseres Sohnes. Gestern zum Beispiel kam er in mein Büro und setzte sich auf den Besuchersessel, ohne die Zeitschriften und die Post runterzunehmen. Er saß also merkwürdig erhöht vor mir und fragte mich, was es eigentlich mit der 1000-Schuss-Theorie auf sich hätte. Sein Freund Finn habe im Schulbus davon gesprochen, und er frage sich, ob das wirklich stimme, denn dann habe er ein Problem.

Die 1000-Schuss-Theorie besagt, dass ein Mann im Leben genau eintausend Orgasmen erleben kann. Danach ist Feierabend. Mit diesem kruden Unsinn sollten in früheren Zeiten die Jungen vom Onanieren abgehalten werden. Es kann aber auch sein, dass diese Formel vom Verband deutscher Mathematiklehrer erfunden wurde, damit die Jungen mehr Zeit mit Zahlen verbringen. Auf jeden

Fall finde ich die Vorstellung sehr amüsant, dass die Jungs ernsthaft ausrechnen, ob unter Fortführung lieb gewonnener Gewohnheiten ihre Familienplanung bereits um Pfingsten herum für immer beendet sein könnte.

Ebenso gut gefällt mir der Gedanke, dass es solche Ultimaten auch bei anderen Verrichtungen geben könnte. Jeder Mensch kann nur 500 Fußballspiele gucken, dann wird er blind. Nach 300 Tafeln Schokolade fallen die Zähne aus. Zehn Bier, und man kann nicht mehr Auto fahren. Ich erging mich ausführlich in diesen Visionen, und Nick hörte eine Weile geduldig zu. Dann fragte er: »Also ist das Quatsch?« »Natürlich ist das Quatsch«, sagte ich und hörte, wie ein Stein von der Größe des Wettersteingebirges von ihm abfiel. Er stand auf und sagte: »Halleluja, der Tag ist gerettet.« Dann klatschte er fröhlich in die Hände und ging in sein Zimmer.

SAMSTAGSSTRESS

Wer als Jugendlicher am Samstagabend mit seinen Eltern rumsitzt, hat entweder eine juckende Krankheit oder den Anschluss verpasst. Auf meine Frage am Mittag, was so für den Abend anliege, erklärte mir Nick denn auch neulich, dass sie sich bei Finn treffen würden. Er habe zugesagt, sechs Tiefkühlpizzen mitzubringen. »Und wer bezahlt die?«, fragte ich. »Na ihr, schließlich seid ihr für meine Ernährung verantwortlich.« Aha. Man muss in so einer Situation als Eltern hart bleiben. Gut, dann ist man eben mal für eine Stunde der Spießerarsch, aber die Kinder beruhigen sich auch wieder. Hauptsache, man bleibt konsequent, dachte ich. Zehn Minuten später fuhr ich mit Nick zum Supermarkt, um die Pizza zu kaufen.

Bald darauf, ich verstaute die Tiefkühlkost im Eisfach unseres Kühlschrankes, brummte Nicks Handy, und es ergab sich eine Planänderung, weil Finns kleine Schwester Scharlach bekommen hatte.

Man könne dort nicht auftauchen, hieß es nun. Also kam Option Nummer zwei in Betracht, die Feier bei Charlotte. Aber Nick hatte kein Geschenk. Ich schlug ihm vor, einfach sechs Pizzen mitzubringen, aber er lehnte ab, weil Charlottes Eltern einen Bioladen führen, und er wolle sich dort nicht unbeliebt machen. Es müsse ja keiner wissen, dass seine Eltern die totalen Tiefkühlasos seien. Manchmal bin ich wirklich sprachlos.

Er organisierte dann den Transport zu Charlotte, der vorsah, dass ich seine Freunde einsammeln und um 20 Uhr bei Charlotte abliefern würde. Sie lebt im übernächsten Dorf, das sind zwanzig Kilometer. Leider wohnen nicht alle Fahrgäste direkt auf dem Weg. Ich überschlug, dass die Hinfahrt ungefähr 38 Kilometer betrug. Das machte mich bockig. Ich sagte: »Warum fährt nicht mal ein anderer Vater?« Nick erklärte mir darauf, dass es nicht seine Schuld sei, dass wir auf dem Land leben. In der Stadt gebe es diese Probleme nicht. Er drohte damit, per Anhalter zu fahren. Wenn es mir lieber sei, dass er bei irgendwem in irgendein Auto stiege, solle ich es jetzt einfach sagen.

Dann gab er seinen Freunden Bescheid, dass der Shuttle ab 19 Uhr bereitstehe. Ich zählte vier Telefonate. Mein Auto hat aber nur fünf Plätze. Ich wies Nick auf diesen Fakt hin, dessen Auswirkungen er zunächst nicht nachvollziehen konnte. »Wieso jetzt? Ich und Finn und Damian und Aziz und Valentin sind doch fünf. Wo ist das Problem?« Ich gab ihm zehn Sekunden Bedenkzeit, dann sagte ich: »Stimmt. Ihr seid fünf. Und wer von euch Schlaumeiern fährt das Auto?« Er sagte: »Na du.« Mein Sohn griff zu seinem Handy, und ich dachte, dass er den Taschenrechner aktivieren wollte, aber er schrieb Aziz eine Nachricht, der zufolge dieser leider im Kofferraum Platz nehmen müsse, was ich in Anbetracht der Flüchtlingsthematik bei Aziz irgendwie ziemlich krass fand. Jedenfalls war ich dagegen.

Nun stand Nick vor dem Dilemma, eine Person aus dem Transportservice wieder ausladen zu müssen. Aber wen? Er nannte mich Voll-Otto, zumal ich verkündete, für die Rückfahrt nicht zur Verfügung zu stehen. Dies löste eine Welle von Kurzmitteilungen aus, und ich erfuhr, dass die Eltern von Aziz kein Auto besitzen. Die Eltern von Finn und Damian waren nicht da und der Vater von Valentin fährt grundsätzlich keine fremden Kinder zu Partys. Er möge es nicht, wenn die in seinem Auto säßen, und außerdem koste es ihn zu viel Geld. Soso. Ich habe seinen Sohn bisher ungefähr zwei Mal um den Äquator chauffiert.

Nach einer Stunde löste sich das Problem quasi von selber, weil Finn von seinen Eltern dazu verurteilt wurde, den Abend bei der Ballettaufführung seiner kleinen Schwester zu verbringen, die komischerweise plötzlich kein Scharlach mehr hatte. Damit war ein Platz im Auto frei. Dann jedoch herbe Planänderung: Charlotte musste ihre Party absagen, weil ihre Eltern ein schlecht verborgenes Depot von Wodkaflaschen, Hugo und Energydrinks im Garten entdeckt hatten und diesen Vertrauensbruch souverän sanktionierten.

Also bestellte Nick den Fahrdienst bei mir bis auf Weiteres ab, hielt mich aber im Stand-by-Modus für den Fall, dass sich noch irgendwas ergab. Da war es bereits halb sieben. Und es blieb dabei. Nick verbrachte den Samstagabend mit seinen Eltern und ging um halb elf ins Bett. Beides musste sich für ihn anfühlen wie eine katastrophale Niederlage.

ERZIEHUNGSTIPPS

Die sanktionsfreie Erziehung hat sich flächendeckend durchgesetzt, und das ist gut, weil Kinder so heute angstfrei aufwachsen können. Dennoch wünschen sich Eltern manchmal heimlich frühere Zeiten zurück. Da gab es noch knackige Methoden, mit denen man Heranwachsende gefügig machen konnte: Backpfeife, Kerkerhaft, Liebesentzug. Solche Sachen. Derartige Maßnahmen führten zwar langfristig dazu, dass die Eltern später in düstere Heime abgeschoben und dort niemals besucht wurden, aber auf kurze Sicht war dem rustikalen Erziehungsstil ein sehr ansehnlicher Erfolg beschieden: Die Jacken waren aufgehängt, die Zimmer sauber, und die Zähne strahlten. Das muss man einfach konstatieren.

In den Siebzigerjahren erfolgte das große pädagogische Umdenken, und den Jungs und Mädchen wurde mancherorts gar nichts mehr vorgeschrieben. Alle waren dufte miteinander, niemand musste gar nichts, und man guckte halt mal, was daraus wird. In meiner Schulzeit hatten es die antiautoritär erzogenen Kinder dann jedoch schwer, weil sie außerhalb ihrer Familien als brutale Nervensägen galten. Niemand wollte damals zum Beispiel etwas mit Sven zu tun haben, weil dieser seinen Mitschülern gerne Buttermilch über den Kopf goss oder deren mühsam im Tausch erworbene Bernard-und-Bianca-Sammelbildchen aufaß. Ich weiß nicht, was aus ihm geworden ist, aber wenn Sven sich heute in Gesellschaft noch so benimmt wie vor vierzig Jahren, wird er wahrscheinlich Schafhirt oder Kranführer sein.

Sara und ich gehören schon aus pädagogischer Talentlosigkeit zu den Anhängern der weitverbreiteten »Irgendwie-klappt-das-schon Erziehungsmethode«. Dabei wird freundlich um Einhaltung von Absprachen gebeten, es wird viel geredet und am Ende geseufzt. Strafen sind generell out.

Und nun habe ich gelesen, dass man nicht einmal mehr mit Sanktionen drohen oder mit dramatischem Tremolo in der Stimme bis drei zählen darf. Dies postuliert die Pädagogin Katharina Saalfrank, und das finde ich schon hart, denn die kunstvoll ausgestaltete Drohkulisse war mein vorletzter Trumpf in der Erziehung meiner Kinder. Wenn ich jetzt nicht einmal mehr drohen darf, bleibt mir nur noch als allerletztes Mittel die arglistige Täuschung, um bei meinen Kindern die Einhaltung von Regeln und aufgeräumte Zimmer zu erzwingen.

Zum Beispiel habe ich jahrelang behauptet, die Rauchmelder in den Kinderzimmern seien Kameras, mit denen das Jugendamt das Verhalten der Bewohner kontrolliere; und zwar in riesigen unterirdischen Rechenzentren, in denen Millionen Beamte auf Milliarden von Monitoren starrten. Es könne bei ihrem Benehmen jederzeit sein, dass Carla und Nick abgeholt und nach Sibirien oder gar auf die Schwäbische Alb verkauft würden, wenn sie so weitermachten. Leider haben sie mir das nie so recht geglaubt, weil das Jugendamt nicht kam, egal, wie sie sich verhielten. Ich habe auch versucht, ihnen weiszumachen, dass sich eingetrocknete Zahnpasta im Waschbecken erst durch das Porzellan, dann durch den Fußboden und bis zum Erdmittelpunkt frisst, und dass Kinder, die in dieses Loch fallen, für immer verschwinden. Es hat nicht dazu geführt, dass sie das Waschbecken säuberten. Aber die Geschichte fanden sie gut.

Irgendwann erklärte Sara jedenfalls ihren Erziehungsauftrag für beendet. Alles, was wir ihnen nicht bis zum elften Lebensjahr eingetrichtert hätten, sei nicht mehr nachzuholen, behauptete sie eines Tages. Und dass sie sich zukünftig mehr um ihre Hobbys kümmern werde. Damit war sie raus, und ich stand alleine vor der Menschwerdung unserer Pubertiere. Vielleicht hätte ich so gehandelt wie Sara, aber ich habe keine Hobbys, die ich verwalten könnte, und haftete schon deswegen klettenartig an der Kindererziehung.

Ich dachte schon, es sei für mich dabei nichts mehr zu holen, doch dann entdeckte ich den WLAN-Router als hervorragendes Werkzeug zur Disziplinierung meiner Kinder. Das Gerät ist lebenswichtig für Carla und Nick, und dies eröffnet dem geneigten Hobbypädagogen zahlreiche Möglichkeiten des taktischen Einsatzes. Wenn ich wollte, dass sie aufhörten im Internet rumzudödeln, zog ich einfach den Stecker, und sie konnten nicht mehr surfen. Das war sehr wirksam, führte jedoch dazu, dass Sara und ich ebenfalls nicht mehr surfen konnten.

Inzwischen setze ich den Router-Exitus nur noch sehr dosiert ein und auch nicht mehr zur

Maßregelung, sondern eher wie ein Essensglöckchen. Wenn ich möchte, dass sie zum Abendessen kommen, gehe ich nicht mehr in ihre Zimmer und sage Bescheid. Mündliche Vorträge erreichen sie nicht. Wenn das Essen fertig ist, ziehe ich den Router aus der Wand – und Simsalabim stehen die beiden in der Küche. Sie kommen, um sich zu beschweren, weil das Internet nicht geht. Dabei sehen sie aus wie Pauschalurlauber an der Rezeption eines griechischen Dreisternehotels. Herr Wümme aus Unna teilt mit, dass ihm gerade beim Duschen eine Fliese auf den Kopf gefallen ist. Und Frau Brahms aus Memmingen weist darauf hin, dass bei ihr kein Wasser kommt, wenn Herr Wümme duscht.

So stehen meine Kinder vor mir, mit verschränkten Armen und wippenden Füßen. Und ich sage: »Kein Internet, das ist schlimm. Aber zum Glück: Ist das Essen fertig!« Das kann man sehr oft machen. Komischerweise stellen sie den Zusammenhang zwischen Internet-Flaute und Abendessen bislang nicht her.

Meinen größten Coup landete ich aber letzte Woche, als ich Carla erklärte, dass das WLAN-Signal besser und schneller zu ihrem Laptop komme, wenn nichts im Weg stünde. Mit anderen Worten:

Wer schnelles Internet haben will, muss sein Zimmer aufräumen. Keine zwanzig Minuten später war die Bude in einem Topzustand. Das nenne ich gewaltfreie moderne Erziehung.

DER JOGHURTDIEB

Wieso ist mein Lieblingsjoghurt immer sofort weg, wenn ich ihn gekauft habe? Ich bringe ihn vom Einkaufen mit, stelle ihn in den Kühlschrank, und wenn ich mich zwei Mal umgedreht habe und den Kühlschrank öffne, ist der Joghurt verschwunden. Ich habe bereits die Möglichkeit erwogen, dass der Kühlschrank den Joghurt verzehrt. Für diese Theorie spricht, dass es so schnell geht. Dagegen spricht, dass ich die leeren Becher anschließend bei unserem Sohn Nick einsammele. Ich glaube nicht, dass der Kühlschrank sie dorthin bringt. Sein Kabel ist dafür nicht lang genug. Aber Nick bestreitet jede Tatbeteiligung.

Doch ich glaube ihm nicht, weil er beim Leugnen lächelt wie Pennywise, der böse Clown. Es kann eigentlich nur so sein, dass Nick den Moment abwartet, in dem ich Briefe öffne oder meine Jacke aufhänge. Dann geht er in die Küche, bemächtigt sich meines Joghurts und verschwindet damit in seiner Höhle. Gut. Oder Sara. Wobei sie die Sorte nicht mag. Man könnte ins Feld führen, dass sie womöglich nach zwanzig Ehejahren derartige sublime Methoden benutzt, um mich zu ärgern. Aber sie hänselt mich ja bereits mit meiner Schwerhörigkeit und meiner Angewohnheit, mitten im Satz einzuschlafen, wenn ich Rotwein trinke. Sie hat es nicht nötig, mich mit meinem Joghurt aufzuziehen.

Dann vielleicht Carla. Um ihre Spuren zu verwischen, bringt sie die leeren Becher anschließend in Nicks Zimmer. Theoretisch möglich, aber für so viel Aufwand fehlt ihr wirklich die Energie. Sie bekommt ja vor lauter Weltekel und Antriebsschwäche kaum den Kühlschrank auf.

Eine Anklage wegen Diebstahls konnte ich bisher nur gegen unbekannt formulieren, wovon sich natürlich niemand angesprochen fühlte.

Es ist mir einfach bisher nicht gelungen, eines meiner Familienmitglieder beim Diebstahl köstlicher Molkereiprodukte zu erwischen, was eigentlich kein Problem darstellen sollte, weil sie alle keine talentierten Schleicher sind. Eigentlich scheppert immer irgendwas, wenn sie im Haus unterwegs sind. Besonders Nick stößt sich oft an Türrahmen oder Möbeln und flucht dann laut. Das ist komisch, denn Türrahmen und Möbel bewegen sich ja ihrerseits nicht. Sie tauchen nicht urplötzlich vor einem auf. Man weiß im Grunde, wo sie sich befinden, und kann um sie herumgehen. Trotzdem stellen Einrichtungsgegenstände für Nick gefährliche Hindernisse dar, was vielleicht daran liegt, dass er beim Gehen meistens nicht nach vorne, sondern nach unten guckt, wo das Handydisplay ist.

Nun könnte man meinen, ich solle mich nicht so anstellen. Aber in Ernährungsfragen bin ich heikel. Das liegt auch daran, dass die Menschen in diesem Haushalt sehr unterschiedliche Auffassungen zu dem Thema haben. Sara zum Beispiel isst gar nichts. Sie geht diszipliniert mit ihrem Appetit um und lässt im Zweifel halbe Teller zurückgehen, was mir im Traum nicht einfallen würde. Während sie also im Laufe unserer Ehe ihr Gewicht hielt, habe ich mit jedem Jahr durchschnittlich dreihundert Gramm hinzugewonnen. Anstatt sich darüber zu freuen, stellte sie neulich fest, dass ich beim Essen keineswegs genussvoll eine Mahlzeit zu mir nähme, sondern den Teller aufräume.

Carla isst zwar, aber ausgesprochen selektiv. Bei ihr hat es keinen Sinn aufzuzählen, was ihr schmeckt, weil sie ihre Ernährungsgewohnheiten strikt daran ausrichtet, was sie nicht mag: Weizenmehl, Gluten, Fleisch, Eier, Fisch, Lactose, Fructose, Glucose, Avocados wegen des Wasserverbrauchs und Soja wegen der Monokulturen sowie geschwefelte Früchte, weil sie die nicht ausstehen kann. Das führt zu recht kargen Mahlzeiten und dafür üppigen Diskussionen, weil sie meinungsstark und sendungsbewusst jedes Grillwürstchen in meinem Schlund kommentiert.

Nick nimmt alles zu sich, was seine Schwester nicht mag, dazu alles, was er selber mag, sowie alles, was er sonst noch im Kühlschrank vorfindet. Er ist ein Mensch gewordener Mähdrescher. Das könnte mir egal sein, aber beim Snacken kennt er kein Erbarmen. Und so wie ein Mähdrescher keine Rücksicht auf Rehe im Feld nimmt, fällt Nick über meinen Lieblingsjoghurt her. Jedenfalls nehme ich an, dass er es ist. Beweisen kann ich es nicht.

Aber wer auch immer für den Diebstahl meines Joghurts verantwortlich ist, legt eine herausfordernde Chuzpe an den Tag. Als ich einmal nach altem WG-Brauch eine Haftnotiz mit den Worten »Finger weg!!!« an den Becher klebte, wurde dieser trotzdem entnommen und der Zettel umge-

klebt. Auf ein Glas mit Schweinskopfsülze, das ich vor drei Jahren von einer thüringischen Buchhändlerin geschenkt bekam und das noch kein Mensch angerührt hat.

Neulich habe ich mich versteckt und vorher laut gerufen, dass ich wieder dahaa sei. Aber das führte zu nichts. Ich harrte dreißig Minuten in der Speisekammer aus, bis ich bemerkte, dass ich alleine zu Hause war. Ich schämte mich für mein Misstrauen und fuhr kompensatorisch ins Dorf und einmal durch die Waschanlage. Zwischendurch kam der Rest der Familie heim und als ich eine Stunde später zurückkehrte und den Kühlschrank öffnete, um Wasser herauszuholen, war der Joghurt verschwunden. Angeblich hatte niemand davon etwas mitbekommen.

Inzwischen glaube ich, dass Nick das Zeug nicht isst, weil es ihm schmeckt, sondern weil er mich damit ärgern kann. Man muss das einfach mal so festhalten: Pubertiere lieben es, arme Väter zu ärgern, sie auf Unzulänglichkeiten bei der Bekleidung, auf Nasenhaare und schlechten Musikgeschmack hinzuweisen, die Batterien aus der Fernbedienung zu klauen und deren Lieblingsjoghurt zu verspeisen. Höchstwahrscheinlich mag er den Joghurt nicht einmal. Er verabscheut ihn regelrecht, aber er muss seinem Auftrag gerecht werden. Dieser Gedanke gefiel mir so gut, dass ich gestern zwanzig Stück davon kaufte. Abends waren sie weg. Und zwar alle. Das gönne ich dem Kerl!

Was Nick bei seinem Beutezug ignorierte, waren die riesigen Mengen liebevoll zusammengestellter Süßigkeiten, die ich außerdem eingekauft hatte. Er hatte sie wohl einfach übersehen. Sie waren für die Kinder aus der Nachbarschaft gedacht. Sara und ich mögen es, wenn sie an Halloween vor der Tür stehen, und wir geben reichlich. Ich finde das schön, auch wenn ich Halloween nicht mag. Es hat keine Tradition, wirkt so künstlich und aufgesetzt.

Tradition heißt so, weil es dauert, bis man es überhaupt Tradition nennen kann. Es hat zum Beispiel einige Jahrzehnte gedauert, bis überall in Deutschland als Tradition anerkannt wurde, dass Bayern München jedes Jahr die deutsche Meisterschaft gewinnt. Inzwischen hat man sich auch in Dortmund und Frankfurt und Berlin daran gewöhnt. Entschieden rasanter verläuft der Siegeszug von Halloween. Von einer Tradition kann man da meiner Meinung nach trotzdem noch nicht reden, aber die Kinder meiner Kinder werden das vermutlich später einmal so einstufen. Ich persönlich kann also mit dem Kürbisfest nichts anfangen, aber wenn es darum geht, Kinder glücklich zu machen, möchte ich nicht abseitsstehen. Außerdem kann ich es mir nicht leisten, als einziger Nachbar keinen Kürbis vor der Tür und Süßigkeiten dahinter zu haben. Man gilt auf dem Land schnell als sonderbar, und wenn man nicht mehr zum Nachbarschaftsfest eingeladen wird, ist man im Dorf gesellschaftlich erledigt.

Zur Halloween-Tradition gehört, dass man furchtbar angezogenen Menschen an der Haustür Süßigkeiten aushändigt, was die Zeugen Jehovas und den Landtagskandidaten der SPD nicht einschließt, außer sie klingeln am 31. Oktober. Ich bereitete mich jedenfalls wie in jedem Jahr gewissenhaft auf den Spuk vor, indem ich jede Menge süße Gummitiere, saure Kaugummis und Schokoriegel kaufte. Danach schnitzte ich mit Nick eine Kürbisfratze, die mich sehr an Peter Altmeier erinnerte.

Als es dunkel wurde, kam Sara von der Arbeit nach Hause und wies mich darauf hin, dass mein Nachbar und Feind Dattelmann nicht weniger als zwölf Kürbisse dekoriert hatte, sodass unser Haus ihrer Meinung nach aussah wie ein Imbisswagen neben einem McDonald's mit Drive-in und Spielplatz.

Trotzdem kamen erste Kinder und klingelten. Nick und ich rasten zur Tür, öffneten, und vor uns standen ein Geist, ein Junge im schwarzen Trainingsanzug mit Totenkopfmaske sowie eine pummelige Ausgabe von Prinzessin Lilifee. Lilifee habe leider kein anderes Kostüm. Nick verweigerte daraufhin mit strengem Hinweis auf die Kostümkonventionen die Herausgabe von Süßigkeiten, worauf Lilifee anfing zu heulen, was wiederum den etwa achtjährigen Geist dazu veranlasste, unseren Sohn gegen das Schienbein zu treten. Schließlich erhielt doch jeder etwas, und das Trio zog ab. Es begegnete einer Gruppe Zombies, die je ein Bein nachzogen und hervorragende Keuchgeräusche machten. Wahrscheinlich funktioniert bei den Eltern die Kindersicherung von *Netflix* nicht richtig.

The Walking Dead verlangten ächzend nach Süßigkeiten, doch als ich sie damit beschenken wollte, reichte mir der Anführer einen Zettel, auf dem von Elternhand geschrieben stand, dass man ihnen bitte schön nur laktosefreie Kost überreichen dürfe. Und ohne Gluten bitte. Ich holte Äpfel aus der Küche, aber die Zombies verzogen das Gesicht. Einer zeigte ihre Tüte, in der sich bereits fünf Kilo Äpfel befanden. Damit verließen sie schlurfend und stöhnend das Grundstück.

Die nächste Gruppe bat sich regionale Produkte aus, nachfolgende Kinder lehnten die Gummifledermäuse ab, weil da Gelatine drin sei. Unter diesen Umständen machte Halloween noch weniger Spaß, als ich angenommen hatte. Schließlich klingelte es an der Tür und davor standen vier Mütter, die zwar nicht verkleidet, aber sagenhaft gruselig auftraten. Sie erklärten mir, dass sie an jeder Haustür überprüften, wer dort öffnete. Erst wenn sicher sei, dass keine Gefahr vom Gastgeber ausging und die Süßigkeiten nachhaltig angebauten Zucker enthielten, würden sie ihre Kinder vorlassen. Nachdem sie sich von meiner Harmlosigkeit überzeugt hatten, durften ihre Söhne und Töchter nach vorne, um die Geschenke einzusammeln. Sie machten einen eher unglücklichen Eindruck auf mich.

Halloween scheint insgesamt eine ernste Angelegenheit zu sein, zumindest in den Familien unserer Umgebung. Und ich muss sagen, dass ich sehr froh bin, dass Nick und Carla dafür zu alt sind. Später werden sie sagen, dass sie vielleicht die letzte Generation waren, die noch eine richtige Kindheit hatte. Darüber dachte ich nach, als es recht spät noch einmal klingelte. Draußen standen vier schräge Typen, die ich als Freunde von Carla erkannte. Damir, Maxi, Adrian und Felix sangen ziemlich schief das Lied von den »Ghostbusters« und erbaten dafür je eine Flasche Bier, die sie anschließend bei uns in der Küche tranken. Ich glaube, wenn wir das jedes Jahr so begehen, ist bei uns zu Hause eine neue Tradition begründet.

DIE GROSSE ARBEIT

Was ich nicht vermissen werde, sind die regelmäßigen Besuche in der Schule. Ich habe mich nie darum gerissen. Elternsprechtage empfand ich immer besonders peinigend. Jahrelang saß ich dabei einem Mathelehrer gegenüber, der den Genpool meiner Familie diskreditierte, indem er sich über Carlas Desinteresse für die Welt der Zahlen beklagte. Ja. So sind wir. Na und? Dafür kann Carla schön malen. Und ich bin ein passabler Koch. Herr Schümann kann Mathe, aber er zeichnet wahrscheinlich wie ein Dreijähriger und lässt sogar Wasser anbrennen.

Auf jeden Fall freue ich mich schon darauf, wenn das letzte Zeugnis überreicht ist und ich gemeinsam mit unserem Sohn die Schule für immer verlasse. Ältern haben das Privileg, zwar noch Eltern zu sein, aber nicht mehr Herr Schümanns schreckliches Aftershave riechen zu müssen. Wahrscheinlich Bleu de Gans. Oder Old Stink. Oder Schümanns Own. Und das ist gar kein Aftershave. Arme Frau Schümann.

Es gab nur einen Termin, der mir in der Schule gefiel. Dabei werden die Jahresarbeiten der achten Klasse präsentiert. Das haben wir bereits zwei Mal mit großer Begeisterung absolviert. Carla zeigte damals in der voll besetzten Aula einen Schuh, den sie nicht nur selber entworfen, sondern auch eigenhändig hergestellt hatte. Es war ein zauberhafter Schuh aus gelbem Leder, dennoch endete ihre Vorstellung konfliktreich, weil ein Lehrer auf die unsensible Idee kam zu fragen, was denn mit dem zweiten Schuh sei. Carla hatte nur einen angefertigt, weil die Zeit nur für ein halbes Paar gereicht hatte. Außerdem war sie der Meinung, dass es nur eines Schuhs bedurfte, um ihren Entwurf zu verstehen. Dann hüpfte sie ärgerlich auf einem Bein in ihrem Schuh von der Bühne.

Nick machte es sich vier Jahre später leichter. Das Thema seiner Jahresarbeit lautete: »Leberkäs im Wandel der Zeiten.« Der Vortrag über die Kulturgeschichte der auch Fleischkäse genannten Köstlichkeit dauerte ungefähr eine Minute. Danach ging Nick zum praktischen Teil über und schnitt einen ganzen, von ihm selbst mit meinem Geld gekauften Leberkäs in Scheiben, die er mit süßem Senf in Semmelhälften garniert an das begeisterte Publikum verteilte.

Ich dachte, die Zeiten der Jahresarbeit seien für immer vorbei, aber da habe ich nicht mit Ulrich Dattelmann gerechnet. Er ist der Chef des Schulvereins, und alle Eltern müssen Arbeitsstunden absolvieren, die Dattelmann einträgt und kontrolliert. Und wenn man damit in Rückstand gerät, ruft er an und verpflichtet einen zu Frondiensten.

Sara täuschte einen Milzriss vor, und so musste ich neulich einen ganzen Abend lang bei der Präsentation der Jahresarbeiten extrem trockenen Kuchen aus eigener Produktion verkaufen. Der Nachteil daran war, dass ich verklagt werde, falls jemand von meinem staubigen Gebäck Asbestose bekommt. Der Vorteil war, dass ich alle 37 Vorträge genießen durfte.

Hier sind meine drei Lieblingsvorstellungen dieses Jahres. Auf Platz drei: Rupert und seine Möhrenstempel. Vollkommen unbeweglich und ohne jede Betonung führte Rupert zunächst in die Welt der Stempel ein. Nachdem er ausführlich dargelegt hatte, dass im Allgemeinen sowohl runde als auch eckige Stempel aus Holz, Kunststoff oder Metall

Verwendung fänden, führte er aus, dass er ein neues Material zur Stempelherstellung entdeckt habe. Dann sagte er den großen Satz: »Sicher haben auch Sie eine Möhre zu Hause.« Er zeigte dann anhand von Fotos, wie er aus zwei handelsüblichen Möhren zwei Stempel mit seinen Initialen geschnitzt hatte. Und er schloss mit der zutreffenden und etwas melancholischen Feststellung, dass er noch an der Haltbarkeit seiner Stempel arbeiten müsse, da diese leider innerhalb kurzer Zeit zunächst geschrumpelt und dann verfault seien. Er werde bis zu einer Lösung dieses Problems zunächst mit Holzstempeln weiterstempeln.

Auf Platz zwei: Ricarda und der French Cancan. Die als französische Nachtklubtänzerin verkleidete Ricarda hielt sich nur kurz mit dem theoretischen Kern ihrer Jahresarbeit auf, bat dann um Musik und donnerte zu Jacques Offenbach über die Bühne, dass sämtlichen Eltern der Atem stockte. Mit dem vorletzten Takt nahm sie Anlauf und sprang ihrer Lehrerin Frau Diehm in die Arme, die damit nicht gerechnet hatte und mitsamt der feurigen Ricarda taumelnd nach rechts abging.

Auf Platz eins: Jonathan. Er trug Lyrik vor. Zunächst aber beschwerte er sich über alle Lehrer und seine Mitschüler, weil sie sein Genie nicht verstünden. Dann klagte er Deutschland an, weswegen weiß ich nicht, weil er so nuschelte. Und schließlich begann er mit seinem Gedicht, welches darin bestand, dass er Prosa merkwürdig abgehackt vorlas. Er murmelte sich bald in Rage, ohne dass ihn sein Publikum verstehen konnte. Und als schließlich jemand »lauter« rief, warf er seine Blätter auf den Boden und ging übergangslos zur Beschimpfung des Störenfrieds über. Er nannte uns Nichtsnutze und arrivierte bürgerliche Arschgeigen und wurde schließlich vom Direktor von der Bühne begleitet. Die Empörung war riesig. Später hörte ich dann, es sei alles, inklusive des Gemurmels und des Zwischenrufs, ein kleines sorgsam einstudiertes Theaterstück gewesen. Und so etwas mit vierzehn Jahren. Respekt! Schade, dass wir bald raus sind.

DER LETZTE URLAUB

Es häufen sich die Momente, in denen die Kinder einfach so ohne Vorwarnung erwachsen sind. Sie erklären sich dann plötzlich für zu alt für Kinderportionen, sind zu groß für Klebe-Tätowierungen und zu klug für meine Kartentricks.

Gestern Abend folgte völlig unangekündigt ein weiterer und sehr großer Schritt, mit dem sich Carla und Nick weit aus unserer kleinen Welt hinauswagen: Sie wollen nicht mehr mit uns in den Urlaub fahren. Beide nicht. Gar nicht mehr.

Wir saßen am Küchentisch, und ich breitete die Ferienplanung vor ihnen aus. Ich dachte daran, endlich mal wieder für fünf bis sechs Wochen nach Italien zu fahren. Ist ja schön dort. Man kann als Jugendlicher in der Pizzeria mit den Kindern aus dem Dorf am Tischkicker rumstehen, bis das Essen kommt.

Carla drehte mit den Fingern eine Locke in ihr Haar und sagte: »Das wäre wirklich zauberhaft, aber leider habe ich schon etwas anderes vor.« Ich fragte belustigt, was man denn im Sommer bitte schön anderes vorhaben könne als nach Italien zu fahren. Darauf legte sie ihre Ziele dar. Sie wollte mit Freundin Emma nach Barcelona und nach Madrid, dann nach Valencia und von dort rüber nach Ibiza. Man werde mindestens vier Wochen unterwegs sein. Mit einem Zweifrauzelt, wie sie betonte. Der Rückweg über die Schweiz sehe als krönenden Abschluss den Besuch eines Open-Air-Festivals vor.

Wenn man da im Gegenzug als Programm lediglich einen kaputten Tischkicker in der Dorfpizzeria zu bieten hat, sieht man natürlich alt aus. Ich schaute verzweifelt zu Nick rüber, der seine Unterlippe vorschob und sagte: »Schau mich nicht so an. Ich habe im Sommer auch keine Zeit.« Dann setzte er mir auseinander, dass ihn sein Freund Finn gefragt habe, ob er mal mit ihm und seinen Eltern verreisen wolle. Nach Dänemark. Zudem habe er das deutliche Gefühl, er sei inzwischen zu alt für Italien. In seiner Wahrnehmung ist Italien offenbar ein Kinderland. Sara lächelte mich an und sagte, dass dies wohl der Lauf der Dinge sei. Da könne man nichts machen. Nick und Carla hatten sich in Wahrheit längst mit ihr abgesprochen. Und sie kann sich einen Urlaub ohne unsere Kinder anscheinend sehr gut vorstellen.

Ich aber nicht. Noch nicht. Das ging mir zu schnell. Ich bekam Panik. Sollte ich Kinder adoptieren, die mit mir in den Urlaub fahren? Ich konnte doch unmöglich ganz alleine mit meiner Frau fahren. Was sollten wir denn bloß den ganzen Tag miteinander anfangen? Wem würde ich meine uralten Kartentricks zeigen? Und vor allem: Wer würde dann mit mir Arschbombe machen? Ganz alleine bringt es das ja nicht.

Mit bebender Stimme bat ich meine Familie um einen letzten schönen gemeinsamen Urlaub, und Sara sagte: »Ganz ruhig durch die Hose atmen. War nur Spaß.« Und Nick fügte hinzu: »Diesmal war es nur Spaß. Aber nächstes Jahr wird es ernst.« Carla sagte: »Ich komme mit. Aber nur, wenn ich Paul mitnehmen darf.« Ich nickte ergeben, auch wenn ich Paul noch gar nicht kannte. Ich freute mich einfach.

Auch auf Italien. Ich liebe dieses Land. Es ist ein Paradies des ländlichen Glücks und des Zaubers der Improvisationskunst. Jedes Mal, wenn wir in dem Dorf ankommen, in dem wir seit Jahrhunderten Urlaub machen und wo der Tischkicker in der

Pizzeria steht, also jedes Mal werden wir von den einheimischen Freunden mit den neusten Nachrichten versorgt. Ganz aktuell: die überarbeitete Steuerung des Autoverkehrs in der Dorfmitte. Die enge Durchgangsstraße wurde vor einiger Zeit mit einer Einbahnregelung versehen, denn die fahrenden und die parkenden Autos sowie die Mülltonnen und abgestellten Vespas verstopften den kleinen Ort und sorgten für einen ganztägigen Verkehrsinfarkt.

Nun war aber die Hälfte der Einwohner mit der Richtung der Einbahnstraße nicht einverstanden. Die andere Hälfte war begeistert. Die Kritiker fingen an, die Regelung zu boykottieren, und fuhren falschrum in die Straße, wo sie von den Befürwortern beschimpft und in einem Fall mit einem Ei beworfen wurden. Daraufhin schraubten die Gegner in der Nacht die Schilder ab und stellten sie am anderen Ende der Straße wieder auf, sodass am nächsten Tag die Einbahnstraße in die entgegengesetzte Richtung wies. Dies blieb nicht unbeantwortet, und am folgenden Tag war die alte Ordnung wiederhergestellt. Und so geht das seit Monaten, ohne dass sich irgendjemand noch einmal beschwert hätte. Am Montag, Mittwoch und Freitag führt die Dorfstraße nach Süden und am Dienstag, Donnerstag und Samstag nach Norden. Am Sonntag macht jeder, was er will.

Francesco brüstet sich damit, diese Guerilla-Maßnahme geplant und umgesetzt zu haben. Niemand wird ihn dafür belangen, denn er ist sehr beliebt, besonders beim weiblichen Teil der Dorfgemeinschaft. Es heißt, er habe seine Hände überall. Er habe in den fünfundvierzig Jahren seines Lebens praktisch jede Einwohnerin kennengelernt, manche sogar mehrfach. Und dann erst die ausländischen Ferienhausbesitzerinnen. In seiner Funktion als Makler, Versicherungsagent und Berater in allen Lebenslagen sei er dazu fähig, zwei Frauenbeine zu streicheln und gleichzeitig seine Hände sowohl auf Schultern und Armen als auch an Taillen abzulegen. Dieser vielarmigen Eroberungsstrategie wegen führt er seit Jugendzeiten den Spitznamen »der Tintenfisch«. Ich traf *il calamaro* in der Pizzeria und er fragte nach Sara. Man kann es glauben oder nicht, aber ich sah nicht nur ein Lächeln in seinem Gesicht, sondern vor allem ein Zucken der Vorfreude an sämtlichen seiner Tentakel.

Die erste Woche der Ferien verstreicht weitgehend ereignislos, was das Beste ist, was man über-

haupt von einem Urlaub sagen kann. Andererseits fördert das eine gewisse Langeweile und einen Verdruss, dem ich begegne, indem ich eifrig wie ein von der Kündigung bedrohter Sachbearbeiter den Garten pflege, während meine faulen Reisebegleiter Ferien machen.

Aber dann doch Aufregung. Sara ruft nach mir, weil jemand am Gartentor steht. Sie kommt mir entgegen und sagt: »Es ist Oliver.« Was für'n Oliver, denke und sage ich. »Dein Schulfreund«, entgegnet sie und geht wieder zu den anderen. Dahin, wo gelacht und geplanscht wird.

Es gab eine unüberblickbare Anzahl von Olivers in meiner Schule, zum Beispiel den Chemie-Oliver und den Basketball-Oliver. Ich hoffe, dass Schauspiel-AG-Oliver am Gartentor steht, doch dann stellt sich heraus, dass es sich offenbar um Informatik-Oliver handelt. Behauptet er jedenfalls. Und dass er sich freue, mich besuchen zu können. Er habe gehört, dass ich hier sei, da wollte er unbedingt mal vorbeikommen, die alten Zeiten hochleben lassen. Ich freue mich auch. Irgendwie. Informatik-Olli.

Oliver bringt seine zweite Ehefrau und den gemeinsamen Sohn Sean-Samuel mit. Der ist zwei

Jahre alt und verfügt über ein Stimmvolumen von etwa sechs Oktaven, die oberen zwei im Ultraschallbereich. Nachdem ich das Gartentor geöffnet habe, müssen zunächst Nüdelchen gekocht werden. Irritiert nehme ich zur Kenntnis, dass beide Eltern mit ihrem Sohn sprechen, als sei der ein bisschen bescheuert. »Spieli mit die Füßi«, fordert Oliver seinen Sohn auf, der daraufhin artig beginnt, seinen rechten Fuß zu essen. Dann wirft er seinem Vater den Schnuller ins Gesicht und dieser lacht, als sei es sein Lebenstraum, mit vollgerotztem Plastik beschmissen zu werden.

Es gelingt mir, Kaffee zu kochen, bevor Sean-Samuel die Aufmerksamkeit mit einem Sprung in einen Rosmarinbusch auf sich zieht. Wir versuchen eine Unterhaltung, aber das klappt nicht, weil Oliver und seine Frau Christine abwechselnd aufspringen und hinter Sean-Samuel herlaufen, um ihn vom Verzehr eines Kilos Kieselsteinchen abzuhalten oder um Gläser, Teller und eine Katze aus der Nachbarschaft vor ihm zu retten. Und alles in Doofensprache: »Nichi machi Sammy. Kieselsteini böse, nicht lecker, machen Schmerzi im Bauchi und fiesi Kacki.«

Irgendwie ergibt es sich nicht, dass wir über

alte Zeiten sprechen. Der gestresste Oliver stöhnt dann, er müsse sich eine halbe Stunde hinlegen. Christine auch. Ob wir ein bisschen auf Sean-Samuel aufpassen könnten. Ich laufe mit ihm durch den Garten. Sara schält ihm Feigen. Carla singt mit ihm Backe, backe Kuchen. Später kreischt Sean-Samuel zwanzig Minuten lang, ohne einmal Luft zu holen wie eine Stalinorgel, bis die italienischen Nachbarn kommen und ihn mit Keksen vollstopfen. Gegen 19 Uhr wachen seine Eltern auf und freuen sich aufs Abendessen.

Oliver trinkt dazu gut gelaunt drei Gläser Rotwein und erklärt schließlich, sie müssten jetzt los, einen Studienkollegen besuchen, der nur zwanzig Kilometer entfernt wohne. Als sie mit ihrem Auto durchs Gartentor fahren, brandet Applaus in meiner Familie auf. Sara fragt mich, ob wir eigentlich gut befreundet gewesen seien, der Oliver und ich. Ich denke zwei Tage darüber nach. Und je länger ich grübele, desto sicherer bin ich: Ich habe diesen Oliver in meinem ganzen Leben noch nie gesehen.

Aber das stresst mich nicht. Ich bin ein guter Gastgeber. Auch gegenüber fremden Olivers, wenn es sein muss.

Nur Paul bringt mich an die Grenzen meiner Belastbarkeit. Man kann auch sagen, dass er sie neu definiert hat.

Paul ist der aktuelle Freund unserer Carla, und ich musste ihn einladen, weil Carla sonst nicht mitgekommen wäre. Ich sage das wirklich nicht gerne, aber es muss raus: Ich halte den Kerl nicht aus. Im Grunde genommen sind es nur zwei Dinge, die mich an ihm wahnsinnig machen. Kleinigkeiten. Aber fahren Sie mal mit einem Menschen in den Urlaub, der Ihnen ununterbrochen auf den Wecker geht. Der Junge ist wie ein Rauchmelder in einer Zigarrenlounge. Ich bin echt tolerant, aber selbst Mahatma Ghandi hätte diesen Paul nach einem Tag hysterisch lachend ausgepeitscht.

Also. Zwei Dinge. Erstens. Er isst. Ununterbrochen. Entweder, er hat unsere Tochter im Mund oder irgendwas, das er anschließend runterschluckt. Wann immer man ihm im Ferienhaus, im Garten, auf der Straße oder im Swimmingpool begegnet: Er kaut irgendwas. Er wirft sich Trauben in den Hals, er knabbert Cracker. Er isst die Reste von fremden Tellern. In Restaurants isst er sogar die Reste von fremden Tischen. Dauernd steht er in der Küche und bereitet mehrlagige Sandwiches zu.

Er glotzt stundenlang kauend in den offenen Kühlschrank. Bei Städtebesichtigungen hat er drei Stunden lang Eis in der Hand. Und zwar nicht dasselbe Eis, sondern unaufhörlich neue. Mit den Eisstielen des Urlaubs könnte er mühelos den Eiffelturm nachbauen.

Zu meinem großen Verdruss ist Paul dabei ein athletischer Typ. Kein Gramm Fett zu viel. Eigentlich müsste er 180 Kilo wiegen, weil er täglich ungefähr 40 000 Kalorien unterschiedlichster Herkunft verputzt. Aber er hat einen Waschbrettbauch und Schultern wie ein Schwimmer. Beim Backgammon-Spielen isst er Chips, beim Lesen isst er Pistazien, beim Sprechen isst er Kuchen und spuckt einem die Krümel ins Gesicht.

Das könnte man aushalten. Aber was er da spricht, das ist das zweite Problem. Der Junge redet nur Unsinn. Totalen Quatsch. Ich hoffte erst, dass er das mit Absicht macht, aber je länger der Urlaub dauert, desto klarer wird mir, dass Paul sehr schnell an die Grenzen messbarer Hirntätigkeit kommt. Wahrscheinlich verdaut er die vier Bananen, die er kurz zuvor gegessen hat, im Kopf. Zum Nachdenken fehlen ihm dort dringend benötigte Kapazitäten. Er spricht daher nur in irgendwo notdürftig gespeicherten Redewendungen, die er jedoch ständig falsch zusammensetzt, was zu völlig sinnlosem Gestammel führt.

»Reden ist Silber, aber nicht jedes Gold glänzt.« Stabhochsprung ist für ihn »ein Dorf mit sieben Siegeln«. »Wer nicht fühlen will, hat doppeltes Leid.« »Für die Welt bist Du niemand. Aber für niemand bist Du irgendjemand.« Beim letzten Satz fiel ihm selber auf, dass da was nicht stimmte. Er aß ein Butterbrot, bis ihm wieder einfiel, was er eigentlich hatte sagen wollen: »Für jemand auf der Welt bist du irgendwie jemand, aber für die Welt bist du einfach nur irgendwie.« Sara und Nick haben damit begonnen, aus Pauls Geplapper eine Kunstsprache zu entwickeln. Nick sagte: »Der frühe Vogel fällt selbst hinein.« Und Sara erklärte mir gestern Abend, als sie noch etwas Trinken wollte: »Wo ein Wille ist, ist auch Likör.«

So haben alle Spaß im Urlaub, nur ich werde langsam wahnsinnig. Und ich glaube, zumindest Carla ist irgendwie auf meiner Seite. Eines Abends fasst sie Pauls Wesen in einer Spruchwahrheit zusammen, die an Exaktheit nichts zu wünschen übrig lässt. Nachdem er mit einer halben Kartoffel in der Hand den Esstisch verlassen hat, schaut sie in die

Runde, seufzt kurz und sagt: »Ja, ich weiß. Er ist dumm wie Gold, aber er hat ein Herz aus Brot.«

Noch stärker als der gierige Paul beschäftigt mich nur das Monster. *Il mostro*. Es bringt mich um den Schlaf, ganz ernsthaft. Nachbar Ennio hat es entdeckt, als er etwas aus unserer Waschküche holte. Ich weiß nicht, was es war. Er hat es sich geliehen. Es ist weg. Egal. Jedenfalls berichtet Ennio, er habe dort einen *topo* angetroffen. Ich sage, dass meine Frau eine Lebendfalle aufstellen werde, um das Mäuschen zu fangen und weit weg auszusetzen. Ich erwähne nicht, dass ich zu solchen lebensgefährlichen Manövern psychisch nicht in der Lage bin. Ennio entgegnet, dass unsere Mausefalle ungefähr so groß sei, dass der Kopf des Topos hineinpassen würde. Ich lache, denn ich verstehe bis dahin nicht, dass es sich bei einem Topo keineswegs um eine größere Maus handelt, sondern um eine Ratte.

Am nächsten Morgen hat jedenfalls jemand den Käse aus der Falle geholt und diese kaputt gebissen. Ich werfe die Falle weg, dann setze ich mich auf die Terrasse, trinke einen Kaffee – und sehe die Ratte, die nach dem nächtlichen Käsebüfett offenbar einen Verdauungsspaziergang absolviert. Zu

Hause in München gehen Tiere von dieser Größe als Dackel durch.

Ich bekomme umgehend einen Schreianfall und flüchte ins Bad, aus welchem Sara mich nur mit dem Versprechen herauslocken kann, das Monster zu eliminieren. Wir laufen zu Ennio rüber und fragen nach Rat. Er schmirgelt den großen Satz aus seiner Bauernkehle, man habe für so etwas Produkte. Dann bringt er uns zwei. Bei dem einen handelt es sich um ein Gift, welches aussieht wie rosafarbenes Müsli. Wir streuen es auf einen bunten Partyteller aus Pappe, weil wir denken, eine fröhliche Aufmachung würde den Appetit der Ratte anregen. Sie werde das Zeug essen und davon einen mörderischen Durst bekommen, verspricht Ennio. Wir sollen die Tür der Waschküche geöffnet lassen. Die Ratte werde herauskommen und dann auf der Suche nach Wasser irgendwo in den umbrischen Hügeln verenden.

Sie verzehrt vier Tage lang ungefähr ein halbes Pfund Gift und Nick tauft sie Hartmut. Ich liege nachts wach im Bett und stelle mir vor, wie Hartmut von dem rosa Müsli immer größer und stärker werdend, sich einen Weg durch die Wände beißen und eines Tages, die Pfoten in die Hüften gestemmt, aufrecht stehend und grün leuchtend vor unserem Bett auftaucht, um das persönliche Gespräch zu suchen.

Am fünften Tag bringt Ennio seine zweite Mordmethode in der Waschküche an: Eine widerliche Klebepappe von DIN-A4-Größe. Wir sollen Schokolade darauflegen, denn Ratten lieben Schokolade. Hartmut werde über Nacht an dem Blatt kleben bleiben und sterben. Man könne ihn anderntags entsorgen. Wir sehen Ennio dabei zu, wie er seine Leimfalle neben der Waschmaschine drapiert. Paul steht daneben und sagt ganz ernst: »Jaja, ist die Maus nicht da, tanzen die anderen Mäuse mit den Fischen.«

Am nächsten Tag ist die Schokolade verschwunden und die Klebefalle zu Konfetti verarbeitet worden. Seitdem hat Hartmut zwei Tafeln Schokolade gegessen, fünf weitere Fallen zerstört und auch den Pappteller verzehrt, auf dem wir weiteres Gift platziert hatten. Das Loch in der Wand, in dem er wohnt, wird täglich größer. Hartmut hat inzwischen vermutlich die Ausmaße eines kleineren Gürteltieres. Wir schließen die Waschküche ab und fahren nach Hause.

Der letzte Familienurlaub meines Lebens ist vorüber. Und ich denke bangen Herzens über meinen nächsten Besuch dort nach. Hoffentlich steht das Haus dann noch. Oder ich fahre einfach nie wieder hin. Vielleicht nehmen meine Kinder mich ja ab nächstes Jahr mit in den Urlaub. Nach Dänemark oder Spanien.

KOHLRABI-MARKETING

Manchmal ist es frustrierend, die Welt von vermeintlich vernünftigen und gut durchdachten Anschaffungen überzeugen zu wollen. Meine Versuche, einen Aufsitzmäher mit Automatik, einen Fernseher mit angebauter Markise für den Garten und einen zwölf Quadratmeter großen Whirlpool mit Fernseher und LED-Beleuchtung anzuschaffen, scheiterten allesamt am Veto meiner Gattin, die ihrerseits Vernunft und Sachverstand für sich in Anspruch nimmt. Sie glaubt, dass sich in meinem Gehirn direkt neben dem Sprachzentrum ein Einkaufszentrum befindet. Und dort würde ich nur Unsinn aushecken.

Aber ich lasse mich nicht unterkriegen und kämpfe weiter. Auch wenn einen diese Kämpfe hier und da in die Isolation treiben. Seit Jahren setze ich mich zum Beispiel für ein bestimmtes, völlig unterschätztes Gemüse ein.

Für mich ist Kohlrabi der unbesungene Held

des Gemüsebeets. Kohlrabi klingt wie ein indischer Geheimagent und sieht aus wie das Knolle gewordene Versprechen einer besseren Welt. Kohlrabi ist das feinste und wundervollste, was einer Frikadelle bei einem Blind Date auf dem Teller überhaupt begegnen kann. Finde ich. Da bin ich aber leider der einzige Kenner und Fachmann in unserer Familie. Nick und Carla und sogar Sara lehnen den Kohlrabi als blassgrüne Kartoffel-Missgeburt grundsätzlich ab. Sämtliche Versuche, ihnen die Stängelrübe gedünstet, gekocht, gegrillt oder in Panade verpackt anzudrehen, sind gescheitert.

Als letzte Maßnahme versuchte ich es mit einem Trick, der eigentlich immer greift, nicht nur bei meinen Kindern: Ich versuchte, das Zeug als allerletzten Schrei urbaner Gesellschaften zu verkaufen. Auf diese Weise habe ich schon einmal Erfolge bei Grünkohl erzielt, der in Brooklyn als Wundernahrung gilt und sehr en vogue ist, besonders roh, was man nicht nur in Norddeutschland bizarr finden darf. Jedenfalls konnte ich den Pubertieren den Grünkohl nur über den Umweg der Schilderung von New Yorker Hipster-Dachgärten schmackhaft machen. Ob das beim Kohlrabi auch funktionieren könnte?

Ich brauchte also eine gute Story, ohne geht es nicht. Zum Beispiel mit einem neuen Namen. Rauke wollte schließlich auch kein Mensch essen, bis sie in Rucola umgetauft wurde und damit eine Renaissance erfuhr, die ihr aus dem vergitterten Hasenstall zurück auf die Teller moderner Großstädter half. Und Kohlrabi klingt wirklich ziemlich unsexy, das muss man zugeben. Fast so schlimm wie Wirsing. Bei Kohlrabi denkt man sofort an Kleingärtner mit dicken Beinen in Gummistiefeln.

Man könnte dem Kohlrabi-Marketing also auf die Beine helfen, wenn man ihn umbenennen würde. Auf Französisch macht die Knolle namenstechnisch zum Beispiel bedeutend mehr her und heißt *chou-rave*. Das klingt wirklich entschieden glamouröser als Kohlrabi.

Als Nick gestern Abend fragte, was es zu essen gäbe, erklärte ich ihm also, dass es mir endlich gelungen sei, ein paar wenige in Deutschland erhältliche Exemplare von Chou-rave zu ergattern. Er fragte, was das sei, und ich erklärte ihm, es sei das französische Hipster-Gemüse schlechthin. Wenn ich meinen Quellen glauben könne, dann kostete ein einziges Stück auf dem Pariser Wochenmarkt fünf Euro. Moderne Pariserinnen und Pariser aus

der Musik- und Modeszene seien ganz wild auf Chou-Rave. Man veranstalte exklusive Chou-Rave-Raves. Dort werde die flotte Pflanze nicht nur gegessen, sondern auch in schmale Streifen geschnitten in Longdrinks gesteckt. Und Virgil Abloh drucke Chou-Rave-Schriftzüge auf T-Shirts von *Off-White*.

Nick war sehr angetan. Er sagte: »Nicht schlecht. Schmeckt ein bisschen wie Kohlrabi, aber besser, nicht so erdig. Sehr lecker. Die haben Lebensart, die Franzosen.« Es war ein Sieg. Ein kleiner Sieg. Ich werde ihn auf keinen Fall aufs Spiel setzen. Solange die Kinder das Zeug nicht googeln, gibt es das jetzt drei Mal die Woche.

DER AUSBRUCH VON LA CARLA

Überall ist zu lesen, dass extreme Naturereignisse zunehmen. Dazu zählt die Wissenschaft heftige Sommergewitter, den verlangsamten Golfstrom sowie die Wutausbrüche unserer Tochter. Letztere verändern das Klima erheblich, besonders in unserem Wohnzimmer. Dabei sind die Eruptionen, die das Haus erschüttern, völlig unberechenbar und folgen keiner seismischen Logik. Quasi anlasslos tobt Carla dann über ihren armen alten Vater hinweg und knallt am Ende eine Tür zu. Wenn man Glück hat, ist es die Haustür. Dann ist sie für ein Weilchen weg, der Schwefeldampf verzieht sich, und bei ihrer Rückkehr ist alles wieder gut.

Tatsächlich bin fast immer nur ich von diesen Extremen betroffen, ihre Mutter nie. Sara und Carla pflegen ein beunruhigend symbiotisches Miteinander, besonders was ihre Einstellung mir gegenüber betrifft. Für beide bin ich eine Mischung aus Hui Buh und Idi Amin. Man schätzt mich prinzipiell für meinen Unterhaltungswert, aber man nimmt mir das autoritäre Auftreten übel. Wobei ich mich überhaupt nicht streng finde. Was ist verkehrt daran, wenn ich unseren kleinen Vulkan darüber informiere, wie ungerne ich verklebte Müslischälchen spüle?

Man mag dies für eine spießige Petitesse halten, aber: Durch verzuckerte Milch an Keramik geklebte Weizenflocken sind scheiße. Ich weiß nicht, warum man diese Schälchen tagelang rumstehen lassen muss. Ich weiß nicht, warum man sie nicht einfach in die Spülmaschine stellt. Und ich verstehe nicht, dass man in die Luft fliegen muss, wenn dieses Müslithema aufgebracht wird. Man sagt Müsli, Schale, Milch und Sauerei – und schon brodelt und qualmt es aus diesem 159 Zentimeter großen Vulkan.

Das erste, noch recht zarte Rumpeln besteht in Carlas Bemerkung, sie habe keine Zeit für derartigen Quatsch. Darauf wird sie lauter und erklärt, dieses Thema sei so dämlich, dass sie es eigentlich nicht fassen könne. Dann fliegen erste glühende Felsbrocken, denn das Müsli habe in ihrem Zimmer gestanden, und dort habe man keinen Zutritt. Und überhaupt stelle sich die Frage, was man eigentlich in ihrem Zimmer getrieben habe, und es sei ja wohl unfassbar, dass der eigene Vater hinter ihr her spioniere und sich Zugang zu ihrer Intimsphäre verschafft habe und ob er dort womöglich heimlich irgendwas gesucht habe und worum es sich dabei handele.

Ich antworte wahrheitsgemäß, dass ich eigentlich bloß habe lüften wollen, weil es in ihrem Zimmer gerochen habe wie in der Garderobe des Bolschoi-Balletts nach der Uraufführung von »Spartacus« unter der Leitung von Juri Grigorowitsch. Und bei der Gelegenheit habe ich eben diverse Gegenstände eingesammelt, um sie dem Regelkreis der gemeinsamen Benutzung wieder zuzuführen. Und in diesem Zusammenhang habe ich darauf hinweisen wollen, dass diese eingetrockneten Müslidinger Arbeit machten, und das sei es eigentlich schon gewesen, und ich wolle nichts gesagt haben, und es tue mir leid.

Aber das Spät-Pubertier betätigt nun den Lava-Auswurf und schimpft, dass es mir ja wohl egal sein könne, wie es in ihrem Zimmer röche, schließlich werde niemand gezwungen, dieses Zimmer zu betreten. Darauf leiste ich mir den frivolen Hinweis, dass es sehr wohl jemanden gebe, der dazu gezwungen werde, nämlich der arme Paul. Er tut mir ein bisschen leid, denn er kann unmöglich länger als eineinhalb Minuten die Luft anhalten, verbringt jedoch oft mehrere Stunden bei Carla und wird ab und an Sauerstoff benötigen. Aber vielleicht hat er ja eine Taucherflasche im Rucksack, wenn er uns besucht.

Nun dreht Carla ein weiteres Mal auf. Sie schießt mit glühendem Gestein, spuckt Feuer und erklärt mir, das sei alles so *lame* und *crank* und sie könne es nicht abwarten, bis sie endlich auszöge, und es sei überhaupt kein Wunder, dass ich kaum Freunde hätte, so wie ich mich benehmen würde, und ich solle mich nicht in ihre Beziehung einmischen. Ich sage ihr, sie solle mit Paul eine WG gründen. Mal sehen, wie das klappt. So ganz ohne Sauerstoff und sauberes Geschirr. Bumms. Tür zu.

Die Sache mit der Wohngemeinschaft kommt dann viel schneller wieder zur Sprache, als mir lieb ist. Und ganz anders, als ich vermutet hätte. Schon öfter war die Rede davon, dass es für Carla Zeit sei. Und dass man dann in die Stadt ziehen könne. Ich bin der Letzte, der das Landleben noch favorisiert.

Und dann sitzen wir am Esstisch und Carla erklärt mir, dass sie nun definitiv nach München zöge. Sara sekundiert, dass es dort eine wundervolle Wohnung gebe, man habe sie bereits besichtigt und es handele sich um ein Juwel, wenn auch ein wenig zu groß für eine Tochter herkömmlicher Bauart mit normalen Wohnbedürfnissen. Ich bin ein wenig überfordert und schlage vor, dass sie sich eine Mitbewohnerin suchen könne. Oder Paul solle dort mit seiner Taucherausrüstung einziehen. Ich finde ihn eine gute Wahl. Es wird immer Essen im Haus sein.

Meine beiden Frauen machen einen anderen Vorschlag: Sara zieht mit ein. Wir spalten unsere Familie in zwei Wohngemeinschaften auf. Eine Jungs-WG und einen Mädchen-Haushalt. Bevor ich überhaupt etwas dazu sagen kann, wird mir klar, dass die beiden das längst beschlossen haben. Es sei mal was anderes. Es werde uns guttun. Sowohl in der Beziehung als auch der Familie. Nick und ich könnten ja in der Nähe wohnen. Man werde sich dann gegenseitig besuchen.

Und Nick, der gerade von draußen reinkommt, ruft sofort: »Auf geht's in die Stadt!« Ich werde das Gefühl nicht los, dass er den Plan auch schon länger kennt. Es handelt sich um ein Komplott, dem ich nichts entgegenzusetzen habe. Also fange ich ein paar Tage später an, für Nick und mich eine Wohnung zu suchen.

TRENNUNGEN NACH ALTER UND NEUER ART

Es fällt mir schwer, die Teilung der Familie nicht als Trennung zu verstehen. De facto ist das ja eine, und wer weiß, wo das endet. Diese Frage stelle ich mir allerdings ständig, auch bei weniger einschneidenden Ereignissen. Es macht mich ratlos und verzagt, wenn ich feststellen muss, dass die Dinge ganz anders sind, als von mir erwartet.

Bestes Beispiel dafür: Das trügerische Wesen der Avocado. Ich träume davon, ein Gerät zu patentieren, mit dem man von außen sehen kann, ob eine Avocado gut ist oder nicht. Ich hasse es, eine Avocado aufzuschneiden, die dann aussieht wie das Innere einer ägyptischen Mumie. Oder diese schrecklichen halbierten Nektarinenkerne. Gab es früher nicht, so was. Wo wird das alles enden? Und ich mag, wenn alles so bleibt, wie es ist. Ich bin im Großen und Ganzen nicht sehr flexibel, das muss ich zugeben.

Ich brauche ungefähr zwei Jahre, um einen

neuen Tagesthemen-Moderator nicht mehr als neu zu empfinden. Wenn Sara sich entscheidet, statt Aronal lieber Elmex zu kaufen, gerät mein Leben aus den Fugen. Und wenn ich vor der Waschstraße warte, lese ich die Sicherheitshinweise jedes Mal aufs Neue, weil ich nie weiß, ob man nun einen Gang einlegen und den Motor abstellen soll, oder im Leerlauf bei eingeschaltetem Motor durchrollt oder die Handbremse anzieht und den Schlüssel stecken lässt. Klar ist nur, dass die Antenne eingefahren werden muss. Es ist das Einzige, was ich mir merken kann, aber diese einzige Sicherheit bringt mich nicht weiter im Leben, weil ich keine Antenne am Auto habe. Warum ich das trotzdem immer wieder aufmerksam durchlese? Vielleicht ändern sich diese Vorschriften, und ich bin der einzige Autobesitzer, der es nicht mitbekommen hat. Damit könnte ich nicht leben. Aber noch schlimmer wäre es, wenn man plötzlich rückwärts in die Waschanlage müsste.

Nein. Am liebsten ist es mir, wenn sich gar nichts ändert. Da bin ich sehr deutsch. Das gilt auch für die Nationalmannschaft. Warum spielt Löw nicht mehr mit Ballack, Klose und Kahn? Die waren doch gut!? Findet er auch, glaube ich. Selbst der Bundestrainer hat gewisse Schwierigkeiten mit Veränderungen und kann sich nur mit Mühe auf neue Spieler einstellen. Schon die Namen stellen harte Herausforderungen dar. Leroy Sané nannte er zum Beispiel einmal vor einem Länderspiel hartnäckig »Sahne«. Die Umstellungen in der Abwehr mit dem monströsen Süle sowie Mustafi und Can bereiteten nicht nur ihm, sondern auch Süle, Mustafi und Can größte Probleme, was Löw hinterher zu einem sehr schönen Satz inspirierte. Er sagte: »Wenn ich hinten schlecht einfädele, wird es harzig mit dem Spiel nach vorne.«

Ich finde die Auftrennung unserer Familie auch harzig. Aber so eine Veränderung ist ja manchmal auch eine Inspiration, bringt neue Energie und bereichert das Dasein um eine einschneidende Erfahrung. Behauptet jedenfalls Sara, die nicht müde wird, mir den doppelten Umzug als größte Chance meines Lebens anzupreisen. Das macht mich nur noch misstrauischer.

Auf jeden Fall bedeutet die ganze Aktion, dass wir zukünftig nicht mehr zusammenleben. Das ist nach 5000 Jahren Ehe durchaus eine kleine Veränderung, so im Alltag. Manche Menschen gehen in freudiger Erwartung von Abenteuern oder maximal abgeklärt mit derartigen Zumutungen um. Mir fällt das auch deshalb schwer, weil sich gerade unmittelbar in meiner Nähe tumultöse Trennungsdramen abspielen. In Nicks Freundeskreis. Der Wahnsinn.

Es ist so: Gerade hat Lena mit Nicks bestem Freund Finn Schluss gemacht. Und das, wo eigentlich *alle* der Meinung waren, dass Finn und Lena für immer zusammenbleiben würden. Sie waren ein Traumpaar, totaler Magnetismus. Die Trennung verlief naturgemäß hochdramatisch. Lena hat Finn in der zweiten großen Pause verlassen, weil: Finn einem anderen Mädchen einen Eistee ausgegeben hat, und dies obwohl Lena vorher noch zu Finn gesagt hatte, dass sie Durst habe. Darauf hat Finn aber nicht reagiert. Und dann hat er Chiara einen Eistee gekauft. Ausgerechnet dieser Bitch.

Lena ist dann vor Kummer, Zorn und Verzweiflung fast die ganze Mathestunde in der Toilette geblieben und in der zweiten großen Pause ist sie zu Finn gegangen und hat gesagt, dass sie noch nie so verletzt worden sei. Es tue so krass weh, dass er vor ihren Augen was mit einem anderen Mädchen anfangen würde. Sie wisse noch nicht, ob sie jemals darüber hinwegkäme, wahrscheinlich könne sie nie wieder eine Beziehung führen. Sie wurde dann von guten Freundinnen gestützt und verschwand hinter den Schließfächern, von wo man sie weinen hörte.

Woher ich das alles so genau weiß? Weil ich der Chauffeur meines Sohnes bin. Ich muss ihn fast täglich durch die Gegend fahren, und unser Auto hat keine Trennscheibe hinter dem Fahrersitz, die Nick hochfahren könnte, um sich in Ruhe zu unterhalten. Aber ich glaube, er legt auf Diskretion ohnehin keinen großen Wert. Außerdem schätzt er zumindest gelegentlich meine fachlichen Kommentare, gerade in Beziehungsfragen. Die Neuigkeiten von Finn und Lena erhielt ich vorgestern aus erster Hand, weil ich die beiden Jungs zum Training fahren musste. Finn schloss seinen Bericht mit der Bemerkung, dass die Liebe so groß nicht hat sein können, wenn sie an einer solchen Lappalie zerbrechen konnte. Ich stimmte ihm zu, Nick sagte: »James, konzentrieren sie sich bitte auf die Straße.«

Auch bei Nick ist es vor Kurzem zu einer Trennung gekommen. Allerdings war es bei ihm und Ronja andersrum. Er beendete nach vier Wochen die Partnerschaft mit der Begründung, die ganze

Sache werde ihm langsam zu anstrengend. Dauernd wollte Ronja dabei sein. Ständig schickte sie ihm Emojis und machte ihm Knutschflecke, um ihn als ihr Eigentum zu markieren. Schließlich zog er die Reißleine und berichtete beim Abendessen, er habe sich eingesperrt gefühlt. Er wolle frei sein. Er könne nicht ein ganzes Leben unter dem Pantoffel dieser Frau stehen. Außerdem brauche er mehr Zeit für seine Kumpel. Männerfreundschaften seien einfach ernster und am Ende unterhaltsamer. Ich traute mich nicht zuzustimmen.

Lena und Finn sind jedenfalls auseinander. Dabei war das mit dem Eistee übrigens ein Missverständnis. Finn schwor auf der Fahrt, dass er Chiara den verdammten Eistee gar nicht gekauft habe. Es war alles ganz anders. Es war alles ganz harmlos. Ein Satz, den er in Varianten wahrscheinlich in den kommenden Jahrzehnten öfter brauchen wird. Egal. Chiara hat sich jedenfalls den Eistee selber gekauft, und es war eine neue Sorte, und Finn wollte bloß mal probieren. Also hat sie ihm die Flasche gegeben, und er hat etwas davon getrunken und die Flasche wieder zurückgegeben. Das war der Moment, in dem Lena um die Ecke gekommen ist und falsche Schlüsse gezogen hat. Finn hat versucht, es ihr zu erklären, aber Lena hat gar nicht mehr zugehört.

Die Reaktion von Nick auf die Schilderung des Endes einer immerhin dreiwöchigen ernsten Beziehung fand ich dann fast noch besser als die Geschichte selbst. Nick hörte sich alles bis zum Ende an und fragte dann, was man als echter Freund in so einer Situation einfach fragen muss. Er fragte: »Krass. Was war das denn für eine Eistee-Sorte?«

KRIEG IN BÜSUM

Menschen können winzige Uhren reparieren, um die Wette auf einem Pfahl sitzen (der Weltrekord liegt bei 196 Tagen) und einhändig Eier aufschlagen, aber sie schaffen es nicht, ihr Leben in Frieden und Harmonie zu gestalten. Nicht einmal im kleinen Kreis der Zweierbeziehung. Und manchmal tun sich geheimnisvolle Abgründe auf, wie bei dieser Sache in Norddeutschland. Ich grübelte lange darüber nach, was da wohl los war, aber vermutlich werde ich es nie erfahren.

Verantwortlich für die Ungewissheit ist ein Herr, der mir im Regionalzug zwischen Heide und Hamburg gegenübersaß. Er stieg in Itzehoe ein und erhielt bald darauf einen Anruf von seiner Frau. Erst sagte er eine Weile nichts anderes als »ja« und »nein« und »hmm«. Aber dann brach es aus ihm heraus und er sagte in zähem norddeutschen Slang: »Das hätte sie wissen müssen. Man fährt nicht nach Büsum, wenn man das nicht will. Wenn man nach Büsum fährt, dann ist einem das klar. Sonst hätte sie zu Hause bleiben müssen.«

Irritierenderweise blickte der Mann beim Sprechen nicht aus dem Fenster oder ins Irgendwo, sondern er guckte mir direkt ins Gesicht, als sei ich gemeint. Er sprach mich direkt an. Dann sagte er: »Sie hat ja bisher immer Pech gehabt. Wir haben ihr es hundertundein Mal gesagt. Und dann fährt sie trotzdem nach Büsum. Himmelherrgott. Wie kann man nur so dumm sein.« Wir fuhren in ein Funkloch, und die Verbindung brach ab. Der Mann legte das Handy auf seinen Schoß. Dabei schaute er mich weiterhin an, und ich dachte, dass ich irgendwas sagen sollte. Also sagte ich: »Was gibt es denn in Büsum?« Der Mann antwortete: »Krabben.« Dann klingelte sein Handy wieder und er sprach weiter mit seiner Frau und sah mich weiter an. Ich versuchte zu lesen, aber zwischendurch musste ich einfach nachsehen, ob er immer noch guckte. Er starrte mich an und sagte: »Ich kann gerade nicht so gut sprechen, da guckt mich die ganze Zeit einer an.«

Das fand ich etwas seltsam, besonders als er damit begann, mich zu beschreiben. »Brille, Bart, Pullover, Schal. Ich weiß auch nicht, was der will.«

Dann sagte er: »Ich kann ihn ja mal fragen.« Er deckte das Mikrofon seines Telefons mit der Hand ab und fragte: »Meine Frau will wissen, was Sie von mir wollen.« Ich sagte: »Eigentlich will ich nur in Ruhe lesen.« Er sagte ins Telefon: »Der will lesen. Ich bin kurz vor Elmshorn. Vielleicht rufst du sie mal an und fragst sie. Wenn sie ans Telefon geht. Jedenfalls finde ich, man fährt nicht nach Büsum, wenn man das genau weiß. Außerdem hat sie das jetzt fast zwanzig Jahre mitgemacht. Da kann man schon erwarten, dass sie irgendwann etwas daraus lernt. Fährt die nach Büsum!«

Ich fand, der Mann hat recht. Nach zwanzig Jahren und der Sache in Büsum könnte man schlauer sein. Ich nickte unwillkürlich, und der Mann sagte: »Findet der Mann hier auch.« Dann brach das Gespräch abermals ab. Nach einer Weile des Schweigens sagte der Herr: »Meine Frau und ich machen das jetzt schon ewig mit. Klara hat einfach immer Pech, und wir müssen uns diesen Kladderadatsch dann anhören.« »Wer ist denn Klara?«, fragte ich. Bevor der Mann antworten konnte, klingelte sein Telefon wieder, und er sagte: »Heidemarie, damit muss Schluss sein. Findet der Mann hier im Zug auch.« Er hörte wieder einen Augenblick lang zu, dann sagte er: »Meine Frau will Sie sprechen.« Er reichte mir sein Telefon und ich nahm es. »Hallo?«, sagte ich, und Heidemarie erklärte mir, dass es sehr unhöflich sei, sich in Gespräche anderer Leute einzumischen. Dennoch sei sie interessiert an einer neutralen Meinung. Und dann wollte sie wissen, was ich davon hielte, wenn Leute immer wieder denselben, also den andauernd selben Fehler machten. Ich antwortete, dass es in der Natur der Menschen läge, sonst gäbe es schon lange keine Kriege mehr. Sie rief, dass Krieg dafür tatsächlich das richtige Wort sei. Krieg sei das. Ob sie ihren Gatten zurückhaben könne. Ich gab ihm das Handy und er sagte: »Ja, ich hab's gehört. Krieg. Finde ich auch. Und dann fährt die nach Büsum.« Und wieder brach das Gespräch ab.

Der Zug fuhr in den Bahnhof ein, und ich musste aussteigen. Der Herr nickte knapp zum Abschied, ich nahm mein Gepäck und ging. Und seitdem frage ich mich: Was ist da bloß los? Und vor allem: Büsum. Das muss das Tor zur Hölle sein. Da darf man auf keinen Fall hinfahren.

Voll in Gedanken verließ ich den Dammtorbahnhof, um meinerseits eine Beziehung einzugehen, und zwar zu einer Taxifahrerin. Ich sehe das so. Man ist für eine Viertelstunde oder manchmal länger auf dem engen Raum eines Taxis aufeinander angewiesen, eine Schicksalsgemeinschaft sozusagen. Manchmal finde ich das auch sehr angenehm, aber diesmal nicht.

Ich stieg also ins erste Taxi am Stand, grüßte freundlich und sagte, dass ich zum Flughafen wolle. Die Fahrerin, eine ältere Hamburger Dame mit weißem Haar, nickte, wendete und fuhr dann mit mir langsam an der langen Schlange der wartenden Taxikollegen entlang. Dabei reckte sie den rechten Arm zum Hitlergruß. Ich war fassungslos. Entsetzt. Und wütend, vor allem auf mich. Denn ich schaffte es einfach nicht, ihr sofort zu sagen, dass ich unverzüglich aussteigen wolle. Ich lasse mich doch nicht von einer ollen Nazi-Tante kutschieren.

Aber ich hatte es eilig. Noch zwanzig Minuten bis zum Einsteigen ins Flugzeug. Wenn ich die Fahrt abbrach, riskierte ich, meinen Flug zu verpassen. Also blieb ich sitzen und kochte innerlich angesichts meiner Willfährigkeit. Ich setzte ihr nichts entgegen, ließ mich kampflos darauf ein, mich von einer Rechtsextremen fahren zu lassen. Am Ende würde ich sie auch noch dafür bezahlen müssen. Wenn wir in dieser Gesellschaft so weitermachen, dann haben die eines Tages gewonnen. Verdammt.

Als wir schließlich am Flughafen ankamen, musste es dann doch raus. Ich konnte dieses Verhalten nicht unwidersprochen lassen, man muss den Faschisten ihre Grenzen zeigen. Ich sagte in scharfem Ton, dass ich nur mit ihr gefahren sei, weil ich musste. Und dass ich es widerlich fände, dass sie ihren Kollegen den Hitlergruß gezeigt hat. Einfach nur krank und widerlich. Darauf drehte sie sich zu mir um, sah mich an und begann zu lachen. Dann sagte sie in diesem wundervollen, immer unschuldig klingenden Hamburger Slang: »In der Taxischlange, da stand mein Mann. Und als ich an ihm vorbeifuhr, habe ihm mit dieser Geste signalisiert, dass ich jetzt zum Flughafen fahre.« Und dann wiederholte sie die Bewegung. Startendes Flugzeug.

Beschämt stieg ich aus. Was für eine gute brave Frau.

Zu Hause angekommen, erzähle ich Nick von meinem Fauxpas. Findet er lustig. Dann berichtet er, dass der Vermieter der Wohnung, die wir uns angesehen haben, angerufen hat. Wir bekommen die Bude. Nick erwähnt das eher beiläufig zwischen zwei Gabeln. Erstaunlich, wie schnell sich diese Generation mit neuen Sachlagen anfreunden kann.

Und dann ziehen wir in die Stadt.

TERROR IM TREPPENHAUS

Und schon wieder ein Aushang von der Hausverwaltung. Irgendein Übeltäter oder eine Übeltäterin wirft einfach so unzerkleinerte Kartons in den Container im Hof. Diese Pappbehälter nehmen viel Platz weg, sodass am Montagmorgen nichts mehr hineinpasst und die Nachbarn ihr Papier vor dem Container abstellen. Die Herren, die das Altpapier abholen, besitzen aber kein Mandat für die Mitnahme des zusätzlichen Recyclingmaterials und ignorieren es. Oder sie treten die im Weg herumstehenden Tüten um. Dann regnet es, und der ganze Kram verwandelt sich in Pappmaschee.

Und wer darf das wegmachen? Der Hausmeister. Er hat daher den Brief aufgehängt und drastische Maßnahmen angekündigt: Wenn noch einmal jemand seine Kartons nicht zerreiße, werde die Abholfrequenz für das Altpapier erhöht, und sämtliche Mietparteien müssten dann mehr für die Entsorgung zahlen, auch diejenigen, die sich an die

Regeln halten. Ich bin froh, dass die Konsequenzen gewaltlos ausfallen, denn der Hausmeister ist ein Mischwesen aus Else Kling und Thanos, dem Eroberer.

Meine erste Begegnung mit ihm fand beim Einzug vor drei Wochen statt. Da schleppte ich einen Bücherkarton ins Haus. Der Hausmeister stand im Flur und sah missvergnügt zu. Ich stellte den Karton in die Aufzugtür, um sie zu blockieren, und er sagte: »Nicht länger als eine Minute, sonst nehme ich die Kiste wieder raus.« Ich raste zurück zum Lastwagen, um den nächsten Karton zu holen. Als ich zurückkam, stand der erste im Flur und der Aufzug war weg. Vermutlich war Else Thanos damit in den fünften Stock gefahren. Ich rief den Lift wieder zurück, und als er kam, stellte ich beide Kartons in die Tür. Als ich mit dem dritten Karton ankam, befand sich der Aufzug im Keller. Das weiß ich, weil ich dort meine Kartons wiederfand. Danach stapelte ich sämtliche weiteren Bücherkisten erst einmal im Flur.

Nach einer Weile erschien der Hausmeister und wies mich darauf hin, dass ich Fluchtwege vollstelle. Ich möge die Kartons augenblicklich in meine Wohnung bringen. Ich machte schwache Versuche bürgerlicher Empörung über sein schikanöses Auftreten, aber er sagte nur: »Dalli, dalli!« Dann fuhr ich die Bücher nach oben. Um sie schneller ausladen zu können, blockierte ich die Tür mit einer Bücherkiste. Nachdem ich die erste in die Wohnung gebracht hatte, war der Aufzug weg. So ging das zwei Tage lang.

Interessanterweise erwischte ich den Hausmeister kein einziges Mal. Er ist auch immer unsichtbar, wenn man ihn brauchen könnte. Wählt man seine Handynummer, kommt nach dem ersten Klingeln eine barsche Ansage, dass er zurückrufe. Macht er aber nicht. Und er kommt auch nicht vorbei und kümmert sich um die Satellitenanlage. Für derartige Arbeiten hat er einen Sohn, der genauso aussieht wie er und sich genauso wenig mit Satellitenanlagen auskennt wie ich.

Der übrigens namenlose Hausmeister führt eine Kellerexistenz und ich glaube, dass er uns mit gut versteckten Kameras überwacht. Neulich tauchte er geisterhaft im Treppenhaus auf, als ich Einkäufe hochschleppte, weil jemand den Fahrstuhl blockiert hatte. Er lehnte im dritten Stock am Geländer, und als ich an ihm vorbeiging, sagte er: »Zettel. Da unten. Aufheben.« Mir war der Kassenzettel aus dem Korb gefallen. Im Hauseingang. Ich dankte ihm für den Hinweis und stellte den Korb und die Getränkekiste ab. Dann ging ich nach unten, um den Zettel aufzuheben. Als ich zurückkam, waren meine Sachen weg, aber ich hörte, wie der Aufzug in den fünften Stock fuhr.

Und nun also das Altpapier. In einem Anfall zivilen Ungehorsams suchte ich alles an losen Blättern, Verpackungen, Kartons, Magazinen und Zeitungen zusammen, was ich hatte. Ich packte Tüten und brachte mein Altpapier runter. Der Container war nicht voll, aber ich stellte mein Zeug daneben und hoffte auf Regen. Ja, das ist kindisch. Aber manchmal sind die Menschen so. Ich besonders.

Es regnete dann nicht. Aber als ich heute gucken ging, war mein Papier weg. Und zwar nur meines. Ich glaube, es befindet sich im Aufzug, der seit heute Morgen ununterbrochen vom Keller in die fünfte Etage fährt und wieder zurück. Ich habe keine Ahnung, wie der Mann das macht. Vielleicht hat er eine Fernbedienung. Jedenfalls hat es eine disziplinierende Wirkung. Für einen funktionierenden und zur Verfügung stehenden Lift würde ich das Papier nicht nur brav in den Container werfen, sondern auch noch Blümchen draufmalen.

Es ist toll, in der Stadt zu leben.

Und das nicht nur wegen der mir unglaublich urban erscheinenden Auseinandersetzungen mit dem Hausmeister. Das ganze Leben ist so anders. Wenn ich im Dorf spazieren ging, traf ich nur selten jemanden und hatte danach auch nichts zu erzählen. Meine These: Auf dem Land landet man aus purer Ereignislosigkeit schneller auf dem Älternteil als in der Großstadt. Die hält einen jung, denn man erlebt so inspirierende Geschichten.

Neulich zum Beispiel lief ich zufällig hinter einem Pärchen her und schnappte dabei einen Satz ihrer Konversation auf. Ich hörte die aufgebrachte Frau nörgeln: »Hast du mich angerufen, weil du mich sehen wolltest, oder hatte Katja bloß keine Zeit?« Das ist wirklich eine sehr interessante Frage, und sie beflügelt die Fantasie. Sie berührt den Kern fast aller modernen Beziehungen. Es hätte nun drei Repliken gegeben, mit denen der Begleiter die empörte Frau binnen Sekunden zum Schweigen gebracht hätte. Nummer eins: »Katja ist tot.«

Nummer zwei: »Hä? Ich dachte, du bist Katja!«

Nummer drei: »Wieso? Ich habe dich gar nicht angerufen.«

Die Antwort des Mannes habe ich leider nicht

mitbekommen. Aber in seinem Gesicht konnte ich deutlich lesen, dass er sich nichts Sehnlicheres gewünscht hat, als Katja neben sich zu wissen.

QUANTENSPRÜNGE

Seit einiger Zeit denke ich über einen Wechsel in den Dienstleistungsbereich nach. Eigentlich habe ich schon damit begonnen. Ich unterhalte nämlich eine Paketannahmestelle. Bei uns im Haus. Wenige Wochen nach unserem Einzug haben sämtliche Paket- und Postzusteller kapiert, dass ich zu Hause arbeite. Ich bin immer da und drücke immer auf den Summer, wie eine gut konditionierte Labormaus. Also bringen sie alles, was nicht in Briefkästen passt, zu mir in den dritten Stock, damit sie es nicht wieder mitnehmen müssen.

Abends kommen die Nachbarn zu mir und holen ihre Postsendungen ab. Zuerst fand ich das lustig und kommunikativ, denn man lernt auf diese Weise als Zugezogener schnell viele neue Leute kennen. Aber nicht alle, denn manche Nachbarn ignorieren die Zustellbenachrichtigungen in ihren Briefkästen. Oder die Zusteller werfen keine ein. Oder im Briefkasten lebt ein kleines Tier, das von diesen Zettelchen lebt und alle auffisst. Ich stellte also die übrig gebliebenen Päckchen und Pakete auf die Seite. Manche blieben zwei oder drei Wochen. Der Stapel wurde größer, ich schichtete um. Schließlich schrieb ich selber kleine Abholzettel und warf sie in die Briefkästen der Leute, die nicht vorbeikamen.

Manche holen jetzt ihre Post, andere nicht. Das sind die, die am meisten im Internet bestellen. Ihr Interesse an Warensendungen endet offenbar direkt nach dem Bezahlen. Eine Nachbarin nimmt mich als Dienstleister inzwischen richtig ernst. Neulich klebte sie eine Haftnotiz an meine Wohnungstür, der zufolge ich das Paket am Dienstag zustellen könne.

Letzte Woche stellte ich dann fest, dass ich inzwischen auch Pakete für die Bewohner der Nachbarhäuser links und rechts von uns annehme. Wildfremde Leute klingeln abends und holen Pakete ab. Ich lasse mir die Abholzettel zeigen, weil ich bei Weitem nicht mehr alle Menschen kenne, deren Post ich im Flur horte. Und es sind auch nicht alle Nachbarn freundlich. Manche reichen einfach nur stumm ihren Zettel durch die Tür, und ich muss dann auf die Suche gehen. Es ist harte Arbeit, be-

sonders das Umschichten der Päckchen. Ich habe ein System entwickelt, damit ich die Sendungen schneller finde. Logistisch nicht ohne Anspruch. Und gestern Abend ist dann etwas Einschneidendes in meinem Leben passiert.

Es klingelte, und der Manager von oben stand vor der Tür. Er grüßte freundlich und fragte nach seiner Postsendung. Dann gab er mir den Abholzettel. Ich ging nach hinten und holte das Paket, welches offenbar ein neues Kaminbesteck enthielt. Ich reichte es ihm durch die Tür und dann: Drückte er mir eine Zwei-Euro-Münze in die Hand und verschwand. Ich war völlig perplex. Mein erstes selbst verdientes Geld im Dienstleistungssektor. Auf Anhieb irritierend, aber nicht ohne Zauber.

Während ich also eine fabelhafte Fachkraft im Bereich der Paketausgabe darstelle, bin ich im Mülltrennungssektor keine große Kapazität. Es nervt mich, dass ich neuerdings auch noch den Kompost vom Müll trennen soll. Meine Küche sieht bereits aus wie ein Wertstoffhof. Ich besitze Behälter für das Glas, für Plastik, für Papier und für Abfall. Und dabei bleibt es.

Sollte das Kompostsammeln demnächst gesetzlicher Zwang werden, bin ich bereit, mich nackt vor das Münchner Amtsgericht zu ketten, um dagegen zu protestieren. Darüber kann ich sehr ausführlich sprechen. Da Sara und ich jedoch in zwei Haushalten leben, muss ich sie dafür anrufen. Wir reden oft. Zum Beispiel über eine Entscheidung, die sie mit mir als Mitbewohner niemals in die Tat hätte umsetzen können. Sie hat sich nämlich eine Katze zugelegt. Ich hasse Katzen nicht, ich kann sie nur nicht ausstehen. Für mich teilt sich die Weltbevölkerung in Hunde- und Katzenmenschen. Und auch ohne einen Hund zu besitzen, würde ich mich eher auf dessen Seite stellen. Hunde sind einfach bessere Menschen als Katzen. Einwände gegen diese These sind zwecklos. Ein schuldbewusst auf den Gehweg kackender Hund erinnert mich einfach stärker an mich selbst als eine Katze, die eine tote Amsel vor die Tür legt. Und damit basta.

Bei unserem letzten Telefonat berichtete Sara mir von einer Sensation: Carla wäscht jetzt selber. Es ist ein Quantensprung für uns alle und offensichtlich ein Ergebnis der Nähe zu ihrer Mutter. Ein später pädagogischer Erfolg. Oder ganz normal. Kann auch sein. Carla verkündete ihrer Mutter jedenfalls, dass sie eigenhändig Klamotten aufgehängt habe und drängte Sara zum Wäscheständer, um das Ergebnis ihrer fronhaften Betätigung zu präsentieren. Und tatsächlich: Carla hatte mit ihren eigenen Händen die Kleidung aus der Waschmaschine gezogen und Stück für Stück auf den Wäscheständer drapiert. Gut, es handelte sich um trockene schmutzige Wäsche. Aber ich finde, man sollte sie dafür nicht kritisieren. Allem Anfang wohnt ein Zauber inne.

GESCHENKIDEEN

Manchmal werde ich sentimental, wenn ich über die langsame, aber unaufhaltsame Verwandlung von Sara und mir nachdenke. Wir werden natürlich immer Eltern bleiben, aber es setzt nun einmal diese seltsame Älterndämmerung ein. Und zwar ohne dass man viel dazu beitragen würde. Eben noch geschätzt für eine vergleichsweise bunte Juvenilität, mischen sich Grauwerte in die Haare und in die Ansichten. Man muss damit leben, dass man für rückständig gehalten wird, wenn man Capital Bra für eine Büstenhalter-Marke hält und Supreme für übertreuerten Klamotten-Quatsch.

Ich klammere mich immer häufiger an schöne Erinnerungen von früher. Dann ziehe ich zum Beispiel die Schublade unter meinem Schreibtisch auf und sehe mir die Gutscheine an, die meine Kinder mir im Laufe der Zeit geschenkt haben.

Die schlaue Finte eines Gutscheingeschenkes besteht darin, dass man als Überreicher darauf hoffen kann, dass der damit Bedachte niemals vom Coupon Gebrauch machen wird, weil er ihn entweder verlieren oder geflissentlich vergessen wird. Ich habe jedenfalls noch nie erlebt, dass jemand mich zum Einlösen eines Gutscheines gedrängt hätte. Am wenigsten meine Kinder.

Nick und Carla haben mir viele Gutscheine geschenkt. Sie begründeten dies mit ihrem schmalen Budget, und ich fühlte mich jedes Mal richtig reich bedacht, denn die Voucher versprachen enorme, ja im Grunde genommen unbezahlbare Dienstleistungen. Eine Rückenmassage. Ein Abendessen. Einen ganzen Tag lieb sein. Einen langen Spaziergang machen. Ohne Meckern aufräumen. Einen Korb Wäsche bügeln. Mit dem Hund rausgehen. Der Hund ist inzwischen gestorben und diesen Gutschein kann ich gar nicht mehr einlösen. Aber auch die anderen will und werde ich niemals vorzeigen, um Leistungen einzufordern, denn: Sie sind so schön.

Die damals vielleicht siebenjährige Carla übergab mir einmal ein ganzes Gutscheinheft. Sie hatte jeden der visitenkartengroßen Scheine illustriert, ein Loch in alle oberen linken Ecken gestanzt, eine dünne Kordel hindurchgezogen und diese kunstvoll verknotet. Seit elf Jahren hängt dieses Heftchen in meinem Büro an der Pinnwand und ist schon ganz vergilbt. Sie weiß natürlich genau, dass ich keinen Gebrauch von diesen Zettelchen machen würde, und in gewisser Weise schmälert das ihren Vorsatz, mir etwas von Wert zu schenken. Aber ich bin zu schnell gerührt, als dass mich solche Gedanken argwöhnisch werden ließen.

Auch Nick schenkt gerne selbst gemachte Voucher, ist in dieser Hinsicht aber aus einem ganz anderen Holz geschnitzt als seine Schwester. Während Carlas Gutscheine Angebote darstellen, die man zumindest theoretisch annehmen könnte, hat Nick ganz offensichtlich nicht die Absicht, mir etwas zu schenken, was ich wirklich gebrauchen könnte, geschweige denn haben wollen würde. Seine Gutscheine stellt er am Rechner her.

Auf dem von meinem letzten Geburtstag stand: »Gutschein für einen feuchten Fuzzi.« Zu Weihnachten bekam ich von ihm einen Coupon für eine Marsreise (nur Hinweg). Und an Ostern erfreute er mich damit, dass er auf Bestellung für mich während der nächsten längeren Autofahrt seine Lieblingssongs von Bushido, Shindy und den Höhnern zum Besten geben würde. So was hat er als ganz kleiner Junge auch schon gemacht, aber damals kannte er nur zwei Lieder, nämlich »Finger im Po, Mexiko« und »Tanze Samba mit mir«. Er sang die Songs abwechselnd und so lange, bis Sara die Nerven verlor und damit drohte, ihn an der nächsten Raststätte an holländische Camper zu verkaufen. Jedenfalls habe ich den Hip-Hop-Gutschein ebenso wenig eingelöst wie sein Angebot, einen Tag lang zu jodeln.

Das ganze Thema kam kürzlich zur Sprache, weil die Kinder wissen wollten, was ich mir eigentlich zu meinem fünfzigsten Geburtstag wünsche. Offensichtlich möchten sie mich ernsthaft beschenken. Das fand ich sehr rührend und machte ein paar Vorschläge. Aber sie lehnten alles ab. Zu doof, langweilig, Opageschenk, uncool. Damit hatten sie vollkommen recht. Denn ich möchte eigentlich gar nichts Richtiges von ihnen. In Wahrheit möchte ich gestaltete Gutscheine, die ich aufhebe und auf keinen Fall jemals einlöse. Es sind meine Lieblingsgeschenke.

DIE BIBLISCHE PUBERTIER-PLAGE

Als unsere Kinder klein waren, hatte ich einen Traum: Ich wünschte mir unser Heim als offenes Haus. Ich fand die Vorstellung spannend, dass bei uns immer was los sein würde, dass man auf diese Weise selber auch irgendwie jung bliebe. Und tatsächlich ist es so gekommen. Nicks Freunde sind gerne bei uns. Sie lieben es. Unsere Wohnung hat sich als bevorzugter Ablageort für unsortierte Pubertiere bewährt.

Inzwischen würde ich mir jedoch wünschen, dass die Herrschaften in ihrem Elternhaus speisen, bevor sie bei uns durch die Tür rumpeln wie SEK-Beamte. Nick und seine Kumpel sind nämlich Wanderameisen. Sie sind Todesengel des Toastbrots. Sie sind Borkenkäfer des Kühlschranks, sie kommen über den Frischkäse wie juchzende Heuschrecken und schlagen Schneisen in den Nudelvorrat. Ständig höre ich sie in der Küche vor sich hin klappern. Dann gehe ich nachsehen. Sie machen Nudeln. Es ist 16.30 Uhr, sie sind gerade aus der Schule gekommen. Meistens setzen sie dann eher simple Rezepte um und rühren ein Glas Pesto in eine Packung Penne. Dazu trinken sie sechs Flaschen Spezi, dann gehen sie in Nicks Zimmer, um dort die Weltlage zu erörtern.

Eine Stunde später meldet sich ein kleines Hüngerchen, und die drei stehen abermals in der Küche, nun um Pudding oder Milchreis zu kochen. Diesen verzehren sie bei einem Fläschlein Spezi, um dann mit zwei Tüten Chips in Nicks Zimmer zu verschwinden. Gegen 18 Uhr taucht mein Sohn in meinem Büro auf und fragt, was denn so mit Abendessen sei. Hinter ihm stehen Finn und Elias und nicken wie Wackeldackel. Also mache ich Feierabend und kaufe fürs Grillen ein. Bei meiner Rückkehr kommt mir Elias im Flur entgegen. Er hat sich einen Toast gemacht, weil er es bis zum Abendessen sonst nicht ausgehalten hätte. In der Küche liegt die leere Toastpackung. Ich habe sie einen Tag zuvor gekauft.

Als ich Nick daraufhin zur Rede stelle, erklärt er mir, dass sich dieses Problem lösen ließe, indem ich größere Mengen einkaufe. Das sei ja logisch: Je mehr da sei, desto länger hielten die Vorräte. Darauf wirft Finn lapidar ein, dass die Nuss-Nugat-Creme ebenfalls alle sei. Ich stelle mich auf den Balkon und werfe den Grill an. Wenig später vertilgen die Jungs ein gutes Dutzend Nürnberger, sieben Salsicce, sechs Schaschlikspieße, vier Steaks, drei marinierte Hühnerbrüste, drei gebutterte Maiskolben, eineinhalb Baguettes, eine Flasche Ketchup und eine Schüssel Salat. Dazu trinken sie acht Flaschen Spezi und Finn einen Espresso. Nach kurzem Innehalten fragt Elias: »Gibt es noch Eis?«

Ihr Dessert nehmen die drei in Nicks Zimmer ein, und ich höre zwei Stunden einen sehr gleichförmigen pulsierenden Bass. Deutscher Cloud-Rap klingt wie träge Verdauung. Gegen 23 Uhr dann wieder Geräusche in der Küche. Nudelwasser. Finn erklärt mir, dass es wichtig und total gesund sei, vor dem Schlafengehen noch etwas zu essen. Das habe er gelesen. Es sei nämlich so: »Nachts merkt man nicht, wenn man Hunger hat, weil man ja schläft. Und zack, wacht man auf und ist verhungert.« Ich frage ihn, wo er das gelesen habe, und Finn sagt ganz ernst: »Im Internet.« Dann hobelt er die letzte Parmesankante über einen riesigen Berg von Pesto-Penne, sieht mich an und sagt: »Und der Parmesan ist auch schon wieder alle.«

»Ich notiere es mir«, sage ich und notiere es mir. Ich sitze dann über einem Einkaufszettel und stelle mir vor, wie es wäre, wenn wir einfach in den Supermarkt einzögen. Dann kommt mir eine brillante Idee: Die große Attraktivität meiner Wohnung hat stark mit dem fabelhaften Angebot an Nahrungs- und Genussmitteln zu tun. Wenn ich die Pubertier-Plage loswerden will, muss ich also nur das Ernährungskonzept ändern. Ich streiche sämtliche Posten auf der Einkaufsliste durch und notiere: Brottrunk, Sauerkraut, Schweinskopfsülze, Harzer Käse, Rosenkohl, Kümmelbrot, Blutwurst, Margarine, Marmelade mit Zitronenschale. Das wird reichen, um die hungrigen Hänger zu vergrämen. Ich sitze eine Weile so da, dann schmeiße ich den Zettel weg. Bin ich verrückt? Es gibt doch in Wahrheit nichts Schöneres, als Nick und seine Jungs, lachend Quatsch redend und kochend in der Wohnung zu haben. Dann gehe ich zu Nick rein und frage Finn, welche Nuss-Nugat-Creme er sich wünsche.

Mein Sohn ist natürlich nicht wirklich scharf darauf, dass ich sein Zimmer betrete. Neulich sagte er, ich solle mir ein Beispiel an Finns Vater nehmen, der seit vier Jahren nicht mehr in dessen Zimmer gewesen sei. Er möchte mich raushalten. Das ist so in dem Alter. Aber leider gibt es fast nichts, was ich lieber mache, als in sein Zimmer zu kommen, wenn er Besuch hat. Ich liebe es, für einen Moment Teil ihres Universums zu sein, wenn sie in seinem Zimmer sitzen, ihre beängstigend zeitgemäße Klappermusik hören und sich gegenseitig die Welt erklären oder von den Erfindungen berichten, mit denen sie reich zu werden beabsichtigen. Aber leider bin ich nie zu diesen Gruppendiskussionen eingeladen. Also verschaffe ich mir mit kleinen Tricksereien Zutritt. Zum Glück merkt keiner von ihnen, dass es nur billige Vorwände sind, mit denen ich mich so lange einzecke, bis Nick genervt mit den Augen rollt. Dann muss ich leider wieder gehen. Neulich gelang es mir genau fünf Mal, in sein Zimmer zu kommen, und jedes Mal nahm ich einen Gesprächsbrocken mit, der mein Leben bereicherte.

Beim ersten Mal trug ich frische Bettwäsche herein und hörte dabei Finn sagen, dass er ein Lebensmittel erfunden habe, das nicht einfach nice sei, sondern ihn zum Milliardär machen werde. Er könne sich gut vorstellen, dass bei Kickstarter die Leute eine gute Million investieren würden für sein

Start-up. Und ich finde, seine Idee klingt wirklich nach einem verheißungsvollen Plan: Finn will Cola frittieren und in Papiertüten verkaufen. Zwanzig Minuten später kam ich rein, um das Fenster zu öffnen, denn die Kinder denken ja nicht an so etwas. Während ich sehr langsam am Griff hantierte, trug Aziz vor, dass er sich vorstellen könne, eine Bank zu überfallen, und zwar mit einer Zitrone. Man müsse lediglich eine harte alte Zitrone mit Plakafarbe anmalen, dann sehe sie aus wie eine Handgranate. Aziz muss es wissen, er kommt aus Syrien.

Bei meinem nächsten Besuch, den ich vordergründig dazu nutzte, um Nick danach zu fragen, ob er schon alle Hausaufgaben gemacht habe, erfuhr ich die Lösung für das Armutsproblem in der Welt. Nick erklärte seinen Jungs, die Sache sei bestechend einfach, er habe das mal durchgerechnet. Sämtliche Abholstationen für Amazon-Pakete müssten einfach in Afrika sein. Jedes Mal, wenn man ein Paket irgendwo abholen müsste, führe man dann dorthin. Das brächte Devisen, kurbele die Reiseindustrie an und sorge für Vollbeschäftigung auf dem ganzen Kontinent.

Wenig später erklärte Sebi, Schwitzen an sich sei gelebte Demokratie und müsse als Grundrecht in der Verfassung geschützt werden. Das Recht auf Transpiration würde gerade Randgruppen wie ihm ein Leben in der Mitte der Gesellschaft ermöglichen. Schließlich betrat ich Nicks Zimmer zum fünften Mal, weil ich irgendwas von ihm wollte, was mir jedoch partout nicht mehr einfiel. Ich stand zwei Minuten mit der Hand vor der Stirn angestrengt nachdenkend in der Tür und lauschte Nicks Freund Lukas, der eine exzellente Idee zur Minimierung von Wählerstimmen für die AfD hat. Diese bekommt künftig überhaupt nur noch dann Wählerstimmen zugesprochen, wenn es Beatrix von Storch gelingt, einen schwarzen Schwulen richtig doll zum Lachen zu bringen. Das halte ich für absolut ausgeschlossen. Der Niedergang der AfD scheint besiegelt.

Als seine Freunde weg waren, kam Nick zu mir und befahl mir, nicht mehr dauernd in seine Bude zu kommen. Ich sei offenbar neidisch auf seine Freunde und solle mir eigene suchen. Gut. Ich habe Freunde. Aber sie sind alle erwachsen. Sie spinnen nicht mehr. Sie sprechen von Theaterinszenierungen, Geldanlagen und Kochrezepten und vom Klimawandel und über ihre Krankheiten. Sechzehn zu sein ist auf jeden Fall lustiger.

HALBMARATHON IM HALLENBAD

Wenn man ohne Partnerin lebt, fehlt einem ein wichtiges Korrektiv. Niemand sagt einem, dass da ein Fleck auf der Hose ist, dass die Schuhe nichts mehr taugen oder dass man immer so komisch guckt, wenn es an der Tür klingelt. Man muss sich selbst kritisch betrachten und die richtigen Schlüsse ziehen. Und diese können nur darin bestehen, dass man diszipliniert an sich arbeiten muss.

Mein Selbstoptimierungswahn hat zuletzt Blüten getrieben, die ich in ihrer sinnlosen Pracht bewundere und gleichzeitig beängstigend finde. Zum Beispiel war ich im Hallenbad, weil mir irgendwer erzählt hat, das sei gut für Kopf, Körper und das allgemeine Wohlbefinden. Momentan kann man mich mit derart wirren Argumenten auch von anderen abstrusen Dingen wie Buttermilch, Heilfasten und Dauerlauf überzeugen. Jedenfalls war ich schwimmen, was für mich eine sehr besondere Leistung ist, denn ich kann nicht schwimmen. Jedenfalls würde ich es nicht schwimmen nennen.

Da ich seit 38 Jahren nicht mehr aus freien Stücken in einer Badeanstalt war und vergessen habe, was man da mitnimmt, packte ich eine Reisetasche, in welche ich meine Badehose, Shampoo, Duschgel, Deo, eine Ersatzunterhose, ein gutes Buch und einen Apfel legte – nur für den Fall, dass ich beim Schwimmen einen Hunger-Ast bekam. Ich nahm morgens um sieben ein Taxi zum Bezirksbad. Nachdem ich mich umgezogen und die chlorig müffelnde Halle betreten hatte, erwog ich, nur zu duschen und wieder nach Hause zu fahren, aber heutzutage sind überall Kameras, und man kann sich nicht unbeobachtet vor dem Frühsport drücken. Dann dachte ich zehn Minuten lang am Beckenrand stehend darüber nach, auf welche Weise ich ins Wasser gehen würde. Vorwärts, rückwärts oder gar nicht.

Währenddessen zogen bunt bemützte Damen quakend an mir vorbei wie ein Trupp weiser Enten. Schließlich versenkte ich mich kerzengerade nach unten hüpfend und begann mit dem Schwimmen. Achtzigjährige Herren durchmaßen mit würdevoller Eleganz das Becken, während ich neben ihnen ums Überleben kämpfte. Aber nach sechs Minuten und zweiundvierzig Sekunden hatte ich die Bahn absolviert, stieg aus dem Wasser und war begeistert von meinen brennenden Lungen und dem einsetzenden Muskelschmerz. Ich entschied, dass ich in 38 Jahren unbedingt wieder ins Schwimmbad gehen muss.

Dann duschte ich ausgiebig. Ich wollte mich abtrocknen, aber in meiner Reisetasche war kein Handtuch. Niemand hat mir gesagt, dass man das braucht! Ich ging zum Waschbecken, um zwei Dutzend Papiertücher aus dem Spender zu holen, aber es gab keine, nur einen Handtrockner mit Luftstrom. Es sieht sehr seltsam aus, wenn man damit seinen Po trocknet. Also suchte ich Klopapier, aber es war keines da. Als ich zurück in die Umkleide kam, lagen auf einer Holzbank Klamotten, ein Kulturbeutel und ein sorgsam gefaltetes, frisches weißes Handtuch. Ich blickte mich zweimal um – und trocknete mich damit ab. Dann faltete ich das Handtuch zusammen und legte es wieder zu den fremden Sachen.

Ich setzte mich ins Café vor dem Schwimmbad und trank einen Espresso. Nach einer Viertelstunde wollte ich nach Hause und dachte daran, das Taxi zu nehmen, das vor dem Gebäude stand. Aber es saß kein Taxifahrer darin. Der kam nach weiteren fünf Minuten aus dem Schwimmbad und trug auffallend feuchte Kleidung. Er stieg in sein Auto, und ich fragte, ob er frei sei. Dann fuhr er mich nach Hause.

Auf der Fahrt erzählte er mir, dass er morgens oft zum Schwimmen fahre. Und dass heute tatsächlich irgendein Idiot sein Handtuch benutzt habe. Was er mit dem Handtuch gemacht habe, fragte ich. Weggeschmissen, denn man könne ja nicht wissen, welche Krankheiten einer noch habe, der einfach so fremde Handtücher benutzt. Ich pflichtete ihm bei. Leute gibt es, also ehrlich. Ich gab ihm ein völlig unangemessen hohes Trinkgeld.

OBERST JENS GADDAFI

Die Zellteilung unseres großen Haushaltes in zwei kleinere Wohnungen hatte zur Folge, dass sich auch die Post halbierte. Das Seltsame daran ist, dass ich seitdem dauernd die Rechnungen bekomme und Sara die interessanten Einladungen. Vielleicht war das aber immer so, und ich habe es nur deswegen nicht bemerkt, weil ich nie eine Rechnung geöffnet habe. Ich mag Rechnungen nicht, weil ihre Beachtung immer mit einer gewissen Einschränkung der Lebensqualität verbunden ist. Die einzigen Rechnungen, die mir gefallen, sind jene, die ich selber verschicke. Ich finde, das sind Meisterwerke der Gebrauchslyrik.

Was wir ebenso weitgehend aufgeteilt haben, ist unser Bekanntenkreis. Und auch da habe ich offenbar den Kürzeren gezogen. Jedenfalls sind meine Kontakte entschieden weniger amüsant als Saras. Ich bin eine Anlaufstelle für Typen, die aus irgendeinem Grund schwer vermittelbar sind. Und zwar auch mir. Keine Ahnung, woher das kommt. Vermutlich sehe ich aus wie ein Mensch gewordener Kummerkasten. Jedenfalls meldete sich letzte Woche ein seit Jahren verschollener früherer Nachbar namens Jens. Er schrieb, dass er in der Stadt sei, und fragte, ob man sich auf ein Getränk sehen könne.

Wir trafen uns in einer Bar, und ich kann von diesem Abend sagen, dass ich ihn gerne vergessen würde, was mir auch zu großen Teilen bereits gelungen ist, denn Jens entpuppte sich als der langweiligste Mensch des ganzen Universums. Dafür kann er nichts. Der ist eben so. Ich erinnerte mich daran, dass ich das schon immer gefunden hatte, aber es war mir über die Jahre entfallen.

Andere Leute sind aufregend, Jens ist so langweilig, dass die Blumen auf den Tapeten welken, wenn er etwas erzählt. Er ist so unfassbar öde, unbeschreiblich fad und uninteressant, dass man sich wirklich fragt, wie er es mit sich selbst in einem Raum aushält.

Er ist Wissenschaftler und erforscht irgendwas mit Nerven und Schmerzen, aber man darf ihn auf keinen Fall fragen, worum es da genau geht, weil er sonst anfängt, es einem zu erklären. Und das ist furchtbar, denn er ist ein erbarmungsloser Füsilier jedweder Dramaturgie, ein gnadenloser Vollstrecker des unpointierten Schachtelsatzes. Jens ist wirklich das Fallbeil der Langeweile. Nach einer guten Stunde wechselte ich das Thema und fragte, was mit Jutta sei, seiner Frau. Jens schilderte daraufhin sogar seine Scheidung derartig unaufregend, dass ich wirklich großes Mitleid mit seiner Ex bekam. Auf meine Frage, woran es gelegen habe, dass die Ehe nicht hielt, sagte er tatsächlich, Jutta sei leider vom Typ her jetzt nicht so spannend gewesen. Nachdem wir uns voneinander verabschiedet hatten, dachte ich, dass ich Jutta mal anrufen muss. Nur so zum Spaß. Vielleicht hat Jens ja recht und ich muss ihn rehabilitieren.

Ich erzählte Sara von dieser Begegnung, und sie amüsierte sich sehr. Dann erzählte sie von einem Treffen mit ihrer Freundin Heike, die sie ebenfalls lange nicht gesehen hatte. Die ist auf einen Schwindler reingefallen. Der Mann sah richtig gut aus und erzählte ihr, dass er Kampfflieger bei der Schweizerischen Armee sei. Er zeigte als Beweis ein Bild von sich in Uniform, und nach etwa einer Woche zog er bei ihr ein. Er behauptete, das sei praktischer, als immer von seinem Wohnort zu ihr zu pendeln. Manchmal fuhr er länger weg, dienstlich. Wenn er bei ihr war, hatte er komischerweise immer gerade in dem Moment sein Geld nicht parat, wenn irgendwas bezahlt werden musste. Sie half gerne aus, zahlte auch die Miete alleine, und irgendwann lieh sie ihm eine größere Summe, weil er wegen irgendwelcher komplizierten internationalen Finanztransaktionen gerade nicht flüssig war.

Erst nach fünf Monaten kam sie darauf, ihn zu googeln und stellte fest, dass sein Name in diversen Foren vorkam, in denen Frauen von einem Obdachlosen berichteten, der sich als Pilot bei ihnen reingemogelt habe und den man kaum mehr loswurde. Schließlich recherchierte sie die Uniform der Schweizer Luftwaffe und stellte dabei fest, dass der Mann ihr ein Bild von sich in einer Fantasieuniform gezeigt hatte, die im Internet bestellt werden kann. Das Modell ist besonders im Fasching sehr beliebt, kostet 39 Euro und heißt im Onlineversand »Oberst Gaddafi«. Heike hat den Typ dann umgehend rausgeschmissen.

Und ich dachte, wenn Jens nur ein kleines bisschen weniger Jens und etwas mehr Oberst Gaddafi gewesen wäre, könnte er heute noch glücklich verheiratet sein.

PERFIDE PARAGRAFEN

Zu den größten Konflikten im Umgang mit Pubertieren führt jene leistungslos bezogene Apanage, die man allgemein als Taschengeld bezeichnet. Sie wird monatlich überwiesen und im Jahresrhythmus angepasst. Der pädagogische Ansatz dabei ist sehr wichtig. Die Kinder sollen den Umgang mit Geld lernen, und die Eltern sollen sich lockermachen, wenn ihre Pubertiere ihre ganze Knete in »Fortnite«-Skins oder süße Gummifrösche investieren. Das gehört dazu, ist nicht so schlimm.

Es gibt Heranwachsende, die sehr vernünftig mit ihren Finanzen umgehen und zum Beispiel etwas sparen. Zu jener Sorte gehört unser Nick nicht. Er ist in der Regel am dritten Tag des Monats bankrott. Dann kommt der pubertäre Pleitier zu mir und wünscht einen Nachschuss, manchmal auch einen Vorschuss. Er berichtet dann eindringlich von zurückgezahlten Schulden am Monatsanfang und von verlorenen Wetten und enormen Preissteigerungen in der Fast-Food-Branche oder von Geld, das einfach so ohne sein Zutun verschwunden sei. Es sei ihm unerklärlich. Irgendwie schlaucht er sich immer bei mir durch.

Zuletzt hat er dafür eine perfide neue Technik entwickelt. Er saugt das Geld nicht mehr persönlich und per Bargeldübergabe bei mir ab, sondern schickt Notrufe per WhatsApp. Darin steht dann zum Beispiel, dass er gerade an der Kinokasse stehe und festgestellt habe, dass sein Geld alle sei. Seine Freunde befänden sich bereits im Saal, nur er stünde noch draußen und man könne das Problem lösen, indem man schnell einen Zehner überweise. Er kann sich eigentlich immer darauf verlassen, dass ich ihm in solchen Fällen helfe. Das Wort »Not« öffnet bei mir sämtliche Schleusen, einschließlich die zum Tränenkanal.

Letzte Woche wollte ich ihn mit seinen eigenen Waffen schlagen. Druck aufbauen kann ich auch. Ich saß also auf der Couch und prokrastinierte, anstatt zu bügeln. Da erschien folgende WhatsApp-Nachricht auf meinem Handy: »Papa! Notfall!! Sitze bei *hans im glück* auf der Toilette. Brauche dringend Geld, um das Essen zu bezahlen.🍔🍟💸 Kannst Du mir 40 € überweisen? 😀«

Antwort von mir: »Nö«

Nick verzweifelt: »Bitte 🙏! Papa. Will Franziska einladen u. jetzt ist meine Karte leer. Bitte überweis das, sonst wird's so hart peinlich für mich. 😳 Willst Du das?«

Antwort von mir: »Mach mir ein Angebot 🤔«

Nick empört: »Papa. Komm. Was für 1 Angebot? Ich kann hier nicht ewig auf dem Klo sein. Ich muss raus und bezahlen. 🙏🙏🙏«

Antwort von mir: »Entweder Du bietest mir etwas an, oder Du musst mal nachschauen, ob die Toilette vielleicht ein Fenster hat. Toi, toi, toi. 😂«

Nick humorlos: »Nicht komisch. 😡😤«

Antwort von mir: »Du bekommst 40 € gegen 2 Stunden bügeln, einmal Staubsaugen und ein Sonntagsfrühstück 🥐🥨☕🥛«

Nick erbost: »Papa, das ist unfair. Es ist ein Notfall!!! Da kann man nichts fordern«

Antwort von mir: »Kein Problem. Ich frage mich gerade, ob Franziska überhaupt noch da ist. Vielleicht ist sie ja schon weg. 🤷 Willst Du nicht mal nachsehen?«

Nick resigniert: »Also gut, Deal. Ich mache alles bekomme ich jetzt das Geld? 😠«

Ich überwies es ihm. Als Nick nach Hause kam,

erklärte er unsere Vereinbarung jedoch im Triumphton für ganz und gar nichtig. Auf keinen Fall werde er einen der Frondienste absolvieren, die ich ihm aufgedrängt hätte. Dann legte mir mein Sohn auseinander, dass es sich hier um keinen bindenden Vertrag handele, da er unter Zwang zustande gekommen sei. Franziskas Vater sei Anwalt und habe ihm das genau erklärt. Nick behauptete, ich hätte eine Nötigung nach Paragraf 240 StGB begangen, vielleicht sogar eine Erpressung nach Paragraf 253, möglicherweise strafverschärfend als Teil einer Bande, denn er betrachte seine beiden Eltern als kriminelle Vereinigung. Stolz ging er in sein Zimmer. Ich staunte eine Viertelstunde, dann holte ich das Bügeleisen raus und machte die Wäsche.

Nick hat mir schon mehrmals angeboten, dass er das übernehmen könne. Erst war ich darüber sehr gerührt. Es gibt nichts Schöneres, als sich mühsame Pflichten zu teilen. Diese Solidarität, dieses über eigene Bedürfnisse hinausgewachsene Verantwortungsgefühl. Dieser Sinn für Gemeinschaft. Noch bevor meine Tränen getrocknet waren, kam Nick mit einer ausgedruckten Preisliste und drückte auf die Dampftaste des Bügeleisens, um den Effekt zu erhöhen.

Hemden kosten bei ihm zehn Euro, T-Shirts kosten fünf, ebenso wie Hosen. Servietten und Handtücher schlagen mit drei Euro zu Buche, Unterhosen ebenfalls und Socken pro Stück einen Euro. Und das waren nur die Preise fürs Plätten.

Altpapierentsorgung: fünf Euro. Müll runterbringen kostet sieben Euro. Sein Zimmer räumt er picobello auf, wenn ich ihm zehn Euro zahle, Staubsaugen pro Raum vier Euro. Einkäufe erledigt er für zwölf Euro. Ich finde meinen Sohn ziemlich teuer, wenn man bedenkt, dass die Qualität seiner Arbeit hier und da sehr zu wünschen übrig lässt.

Ich bin mir nicht sicher, ob ich mir seine Dienste leisten kann. Im Grunde geht das nur, wenn ich meinerseits Rechnungen stelle. Ich habe damit begonnen und ihm eine Kostennote für das Deluxe-Frühstück aus Cappuccino und Schokocroissant überreicht. 22 Euro kostet das bei mir. Gespräche mit Lehrern pro Stunde achtzig Euro. Chauffeurdienste gibt es ab drei Euro pro Kilometer. Wir können alles mit seinen Tätigkeiten verrechnen.

HUMPTATA IM WASCHBECKEN

Klassentreffen sind schön sentimental, ein bisschen wie Campari Orange. Deshalb freute ich mich, dass Carla vor Weihnachten ein Klassentreffen ihrer alten Schulfreunde organisieren wollte. Sie fragte, ob ich einen Ort für die Party wüsste. Ich schlug ihr einige Cafés vor, worauf sie zurückschrieb, dass sie eigentlich an meine Wohnung gedacht habe. Ich fragte, warum sie nicht bei sich und ihrer Mutter feiern wolle, und sie entgegnete, dass es ihr zu viel Arbeit sei, bei sich Party zu machen. Da hätten meine Alarmglocken bimmeln müssen, aber ich freute mich zu sehr darüber, dass sie an mich dachte, und erlaubte ihr, mit ihren ganzen Freunden bei mir und Nick zu feiern. Wir einigten uns darauf, dass ich spät nach Hause kommen und mich dann ins Schlafzimmer verkrümeln würde. So haben es schon meine Ältern gemacht und ich finde es grundsätzlich in Ordnung, denn es gibt nichts Schlimmeres als Väter, die dem Freundeskreis ihrer Kinder Saufgeschichten von 1984 erzählen. Es braucht eine gewisse Disziplin und Fingerspitzengefühl, das einzusehen.

Carla lud also ihre komplette Stufe zu mir nach Hause ein, und zwar für Samstag um 20 Uhr. Sie selbst traf um fünf vor acht ein, weil sie fand, dass Vorbereitung und Deko etwas für Kleinbürger seien. Ich schloss mein Büro und mein Schlafzimmer ab und verließ die Wohnung. Zu meiner Beruhigung teilte sie mir mit, dass es nichts zu essen gebe, weil sich darum niemand gekümmert habe. Daher werde man auch nichts schmutzig machen. Ich könne chillen.

Ich verabredete mich zum Essen und bestellte dabei gegen meine Gewohnheit einen Aperitif und drei Gänge, die komischerweise blitzartig serviert wurden, sodass ich gegen 21.33 Uhr bereits wieder auf der Straße stand. Ich machte einen langen Spaziergang vorbei an hell erleuchteten Wohnzimmern und Küchen und fühlte mich verstoßen. Um 23.48 wurde mir kalt und ich ging nach Hause. Bereits vor dem Haus hörte ich Musik und dachte: Oha, da lässt es aber jemand krachen. Als ich die Tür aufschloss, wusste ich auch, wo. In meiner Wohnung drängelten sich Menschen, die ich noch prägymnasial in Erinnerung hatte. Tatsächlich gab es nichts zu essen, dafür hatten die Gäste reichlich Getränke mitgebracht. Ich begrüßte mein Kind, welches mich tadelnd ansah, weil ich nicht in meinem Zimmer war.

Also bahnte ich mir einen Weg durch mein zerbröselndes Heim und ging ins Bett. Gerade lief »Deutschland muss sterben, damit wir leben können« in einer urigen bayerischen Humptata-Version. Musik für Montessori-Kinder eben. Ich befand mich gerade am Rande der Lichtung, von wo es in den tiefen Wald der Träume geht, als ein Schatten an mir vorbeihuschte und in meinem Bad verschwand. Das war Amelie, dachte ich. Dann kam sie zurück, tapste durch mein Schlafzimmer und entwich in den Partylärm, von wo Gerrit in mein Schlafzimmer gespült wurde, der sehr rücksichtsvoll durch den Raum schlich, um ebenfalls in mein Bad zu gelangen. Danach folgten Leon, Maxine, Paul, Mila und Justus. Auf dem Rückweg fragte ich ihn, was er in meinem Schlafzimmer verloren habe, und Justus erklärte mir, dass das Gästeklo nicht mehr funktioniere. Und da er mich seit achtzehn Jahren kenne, habe er angenommen, es sei okay, wenn er stattdessen in mein Bad ginge.

Ich stand auf, zog mich wieder an und wühlte mich zur Gästetoilette, wo der Maschinenbaustudent Max dabei war, den verstopften Abfluss vom Waschbecken abzumontieren. Emilia hatte reingereihert, oder, wie Carla das nannte, sie hatte den Porzellanbus gerufen. Kein Wunder, immer wieder diese klebrigen lauwarmen Getränke.

Ich verbrachte den Rest der Nacht in anregenden Gesprächen. Tobias erklärte mir, dass der Staat Illusion sei, dass es keine Regierung gebe und dass Eigentum ein Konstrukt der Obrigkeit sei. Als Ronja nach seinem Tabak griff, schlug er ihr auf die Finger und rief: »Das ist mein Tabak, kauf dir eigenen.« Später tanzte ich ein bisschen, dann gab ich den Widerstand auf und bot guten Rotwein und Grappa an. Lenz zeigte mir seinen neuen Tag-Marker, mit dem man kalligrafisch auf Bushaltestellen malen könne, und Anna erzählte mir alles von ihrer Liebe zu einem Finnen, dem sie in Australien begegnet war. Vielleicht war es aber auch ein Australier, dem sie in Finnland begegnet war. Ich weiß nicht mehr. Ich hatte von dem warmen pinken Hugo aus der Flasche getrunken. Er war ebenso grauenhaft wie wirksam.

Ich ging um vier Uhr ins Bett und stand um neun

wieder auf, um zu putzen. Eigentlich wollte Carla das machen, aber sie schlief noch, und ich wusste, dass ich bis zu ihrem Aufwachen nicht durchhalten würde. Bilanz: ein Brandloch in der Couch, was mir nichts ausmacht, weil mir die Couch ja nach Tobias' Theorie im Grunde eh nicht gehört. Ein kaputtes Glas, eine ausgelaufene Kerze auf dem Balkon. Alles nicht so schlimm. Aber zwei Fragen beschäftigen mich: Wie schaffen die Kinder es, acht Zigaretten in einem einzigen Kronkorken auszudrücken? Und warum muss Emilia ins Waschbecken lachen, wenn doch die Toilette direkt daneben steht? Warum?

Carla hat gesagt, dass alle so begeistert waren von meiner Gastfreundschaft, dass sie ihr Klassentreffen jetzt jedes Jahr vor Weihnachten bei uns abhalten wollen. Und da kommt Emilia ja auch wieder. Bin gespannt, was sie sagt.

GÜTERABWÄGUNG

Das Gute am Getrenntleben ist, dass man seine Schuhe im Wohnzimmer ausziehen kann, um sie dann drei Tage dort liegen zu lassen, bis man sie wieder anziehen möchte. Und man muss nicht darüber reden. Gut ist auch, dass man jeden Tag sein Lieblingsgericht zubereiten kann. Neulich gab es vier Tage hintereinander Nudelauflauf, weil Nick dieses fabelhafte Gericht zu einem Hauptbestandteil seines Lifestyles erklärt hat. Vorletzte Woche hatten wir aus demselben Grund drei Mal Döner. Und wir grillen gerne in der Küche, weil wir Höhlenmenschen sind. In der WG von Sara und Carla wäre so etwas nicht vorstellbar. Es gibt dort auch keine Pizzakartons im Altpapier. Und keinen Kaffee, sondern Tee aus dem Himalaja und Duftkerzen.

Gut am Getrenntleben ist auch, dass der Hausrat geteilt wurde und man nur noch die Hälfte von dem ganzen Krempel besitzt, mit dem man vorher gemeinsam vier Mal umgezogen ist. Die Teilung wurde harmonisch vollzogen, und jeder erhielt ungefährlich gleich viel, auch wenn ich im Nachhinein den Eindruck habe, fragwürdige Entscheidungen getroffen zu haben.

Beispiel: Ich habe den großen Topf, sie hat die zwanzig Kuchengabeln. Doof daran ist, dass sie den Topf häufiger bei mir ausleiht und erst wieder zurückgibt, wenn ich ihn brauche. Eigentlich hat sie immer den großen Topf. Aber offiziell habe ich den großen Topf, und sie hat dafür die zwanzig silbernen Kuchengabeln, die ich jedoch erst wieder zum Beerdigungskaffee benötige, wenn ich tot bin. Da stellt sich dann doch mitunter ein Gefühl latenter Ungerechtigkeit ein. Bei mir blieben zum Beispiel auch die Tischdecken, nicht aber der Tisch. Andersrum wäre es mir lieber.

Und ich habe jetzt zwei Waffeleisen, aber keine Kinder mehr, die den ganzen Sonntag über Waffeln bestellen. Ich könnte natürlich Waffeln für die Kleinkinder der Nachbarn backen, doch damit sind die vermutlich nicht einverstanden. Das Mehl. Der Zucker. Das Fett. Aber mit einem Waffeleisen kann man nun einmal keinen Rohkostteller zubereiten. Jedenfalls sitze ich hier auf den Waffeleisen und dem zwölfteiligen Fondueset, während Sara die Küchenmaschine und die Geschirrtücher bekam. Wahrscheinlich hat sie damals den Umstand ausgenutzt, dass sie genau wusste, dass man die Geschirrtücher und die Küchenmaschine häufiger benötigt als das Fondue und die Waffeleisen.

Sie macht von diesem über die Jahre angehäuften Herrschaftswissen skrupellos Gebrauch. Sie hat den Bräter, ich habe den Römertopf. Sie hat die Bügelstation, ich habe den Schokoladenbrunnen. Versuchen Sie mal, mit einem Schokoladenbrunnen ein Oberhemd zu bügeln. Inzwischen habe ich das meiste nachgekauft, und mein Haushalt ist wieder annähernd so groß wie es unser gemeinsamer war. Aber ich würde mich nicht beschweren, denn erstens ist das langweilig, und zweitens hat das Getrenntleben ja noch weitere positive Seiten.

Man bleibt nämlich immer in der Kommunikation. Es gibt für Ältern eine Menge zu besprechen, weil man dauernd über die Zukunft der Kinder reden muss. Und darüber, ob ich das Überbrückungskabel habe und ob sie noch weiß, in welchem Ordner der Vertrag von der Lebensversicherung wohnt. Mir scheint, der Gesprächsstoff geht nie aus. Ebenfalls gut ist, dass ich jetzt im Bad so

lange brauchen kann, wie ich will. Früher waren das zehn Minuten, aber inzwischen lebe ich den weiblichen Anteil meiner Persönlichkeit voll aus und brauche bis zu dreißig Minuten. Ich genieße den Anblick von lediglich fünf Tiegeln, Dosen und Flaschen vor dem Spiegel, ich muss den Aufsatz der elektrischen Zahnbürste nicht wechseln, weil niemand anders das Ding benutzt, und ich verwende einfach so vier Handtücher gleichzeitig. Weil ich es kann.

Auch gut ist, dass ich mein Handy am Bett liegen habe, ohne darüber zu diskutieren, dass das angeblich schädlich ist und elektromagnetische Schwingungen sämtliche Erinnerungen an meine Kindheit auslöschen. Niemand wirft meine Zeitungen weg, keiner kauft mehr Brottrunk oder Buttermilch. Das ist das Gute. Das Doofe am Getrenntleben ist eigentlich nur, dass man sich wirklich nur sehr langsam daran gewöhnt.

DER TAG DES ABSCHIEDS

Meine Tochter ruft an, als ich mich gerade aufrege, weil ich eine heftige Meldung in der Zeitung gelesen habe. Überschrift: »Hässliche Pflegekräfte gesucht.« Wo gibt's denn so was? Warum müssen die hässlich sein? Wer entscheidet darüber, wann eine Pflegekraft hässlich ist? Unfassbar. Carla ruft jedenfalls an, um mir mitzuteilen, dass es am nächsten Morgen um acht Uhr losgehe. Ich solle alle alten Zeitungen mitbringen, die ich im Haus habe.

Schon vor Längerem hat sie es angekündigt, nun ist es so weit: Sie verlässt die Wohngemeinschaft mit ihrer Mutter. Und die findet das auch noch gut. Seit Wochen suchen Sara und Carla den Hausrat unserer Tochter zusammen und haben Spaß daran. Wenn Nick mich verlassen würde, würde ich mich an sein Bein klammern. Das hat er bei mir früher auch manchmal gemacht, wenn ich den Müll rausbrachte.

Man hat mir gesagt, es ginge um ein Bett, ein

Regal, einen Tisch mit Stuhl, Kleinmöbel und etwa zwanzig Kartons. Ich miete einen Sprinter und klingele mit Nick um acht Uhr am nächsten Morgen bei Sara und Carla, aber die beiden schlafen noch. Es sei leider etwas später geworden. Gegen zwanzig nach neun sind die Damen so weit, dass wir den ersten Karton nach unten zum Auto bringen können, an welchem inzwischen eine von amtlicher Hand hinter den Scheibenwischer geklemmte Zahlungsaufforderung über 15 Euro hängt.

Die Umzugskartons hat Carla schön vollgepackt. Sie wollte Platz sparen. Jeder Karton wiegt auf diese Weise ungefähr sechzig Kilo. Zum Glück tauchen nun fünf Freunde von Carla auf, die ihre Mitwirkung am Umzug allerdings von einem ausgiebigen Frühstück abhängig machen. Gegen halb zwölf stellt Raoul fest, dass die Kartons zu schwer sind. Er beginnt, sie auszupacken und die Sachen, die sich darin befinden, einzeln nach unten zu tragen. Man könne den Vorgang rationalisieren, indem man eine Kette bilde. Im Sprinter würde man die Bücher, Platten, Klamotten, Erinnerungen, Rahmen, Malutensilien und den anderen Krempel wieder in Kartons packen, damit sie auf der Fahrt nicht kaputtgingen.

Gegen 14 Uhr sind auf diese Weise vier von zwanzig Kartons im Wagen. Die Umzugshelfer bestehen auf einer Mittagspause. In der Zwischenzeit nehme ich das Bett auseinander und bitte Max darum, sämtliche Schrauben in eine kleine Tüte zu füllen. Nick hat sich inzwischen abgeseilt, weil er umziehen insgesamt für überbewertet hält. Er werde später auf eigene Kosten eine Firma dafür anheuern. Dies bringt den Rest der Truppe auf die Idee, einen Stundenlohn mit mir zu verhandeln. Ich habe danach den Eindruck, dass sie noch langsamer arbeiten als vorher. Als ich gegen 18 Uhr Julius dabei beobachte, wie er eine einzelne Zahnbürste aus dem zweiten Stock nach unten bringt, verliere ich kurzfristig die Nerven.

Nach dem Abendessen werden der Schreibtisch und die weiteren Möbel ins Auto geschafft. Dann geht es zur neuen Wohnung. Carlas Freunde fahren mit dem eigenen Auto, ich weigere mich, den Sprinter zu fahren, weil Carla Tiffany auf dem Schoß hat. Dabei handelt es sich um ihre Vogelspinne. Sie ist ausgestopft, aber da geht es bei mir ums Prinzip. Also fährt Sara das Auto, und ich komme mit Straßenbahn und Bus. Man muss nur dreimal umsteigen.

Es ist 22.30, als der letzte Karton in Carlas kleiner hübschen Wohnung steht. Ich will das Bett zusammenbauen, aber die Tüte mit den Schrauben ist weg. Nach einem nicht gerade zimperlichen Verhör, in dessen Verlauf ich Max nach alter KGB-Sitte mit Carlas Schreibtischlampe ins Gesicht geleuchtet habe, kommt raus, dass er die Tüte bei McDonald's hat liegen lassen, als er mittags Essen für alle geholt hat. Er muss da noch mal hin. Die Tüte kommt um 23.14 Uhr und das Bett steht um halb zwölf.

Ich entdecke in Carlas Kram meinen Lieblings-Aschenbecher, den ich einmal persönlich in Harry's New York Bar in Berlin geklaut habe. Sie überlässt ihn mir großzügig, und ich wickele ihn in Zeitungspapier ein.

Dann fahre ich Sara mit dem Sprinter nach Hause. Wir bleiben noch lange im Auto sitzen und sprechen über Carlas Auszug. Weißt du noch? Und wie sie damals? Und wie das wohl wird? Man hat so lange darauf gewartet, und es ist ja auch schön. Aber man hat es sich trotzdem anders vorgestellt. Ein bisschen wie damals der vierte Teil von »Star Wars«. Hoffentlich bleibt Nick wenigstens noch ein wenig. So fünf bis zehn Jahre.

Zu Hause packe ich den Aschenbecher aus, und

was lese ich da auf der verknüllten Zeitungsseite? »Häusliche Pflegekräfte gesucht.« Alles wieder gut. Nur das Kind ist weg. Was soll jetzt bloß aus uns werden?

JAN WEILER

© Tibor Bozi

Jan Weiler, 1967 in Düsseldorf geboren, lebt als Journalist und Schriftsteller in München. Er war viele Jahre Chefredakteur des SZ-Magazins. 2003 erschien sein erster Roman »Maria, ihm schmeckt´s nicht!«, der zu den erfolgreichsten Büchern der vergangenen Jahrzehnte gehört. Es folgte unter anderen seine höchst populäre Serie um den Münchener Kommissar Martin Kühn, der zuletzt in »Kühn hat Hunger« (2019) ermittelte und mit Thomas Loibl in der Hauptrolle auch im TV zu sehen war. Nach den drei herausragenden Bänden seiner Pubertier-Reihe, zuletzt »Im Reich der Pubertiere« (2016) sowie »Und ewig schläft das Pubertier« (2017), richtet er in seinem neuen Band den Blick auf »Die Ältern«. Jan Weiler verfasst zudem Drehbücher, Hörspiele und Hörbücher, die er auch selber spricht.

TILL HAFENBRAK

Sergio Membrillas

Till Hafenbrak schloss 2009 sein Studium der Visuellen Kommunikation an der Universität der Künste Berlin ab. Seither arbeitet er als selbstständiger Illustrator in Berlin. 2012 wurde er an der Universität der Künste Berlin zum Meisterschüler ernannt. Er illustrierte bereits die Bestseller »Das Pubertier«, »Im Reich der Pubertiere« und »Und ewig schläft das Pubertier« von Jan Weiler. Mehr Informationen und Bilder gibt es auf *www.hafenbrak.com* und unter *@tillhafenbrak* auf instagram.

INHALT

Der Lauf der Dinge 7 – Der Humor-Rekrut 20 – Samstagsstress 25 – Erziehungstipps 29 – Der Joghurtdieb 36 – Die große Arbeit 47 – Der letzte Urlaub 52 – Kohlrabi-Marketing 68 – Der Ausbruch von La Carla 73 – Trennungen nach alter und neuer Art 79 – Krieg in Büsum 87 – Terror im Treppenhaus 94 – Quantensprünge 100 – Geschenkideen 106 – Die biblische Pubertier-Plage 110 – Halbmarathon im Hallenbad 118 – Oberst Jens Gaddafi 122 – Perfide Paragrafen 126 – Humptata im Waschbecken 132 – Güterabwägung 138 – Der Tag des Abschieds 143

Chillen und relaxen: Willkommen im Leben des Pubertiers!

Jan Weiler
Und ewig schläft das Pubertier

Piper, 176 Seiten
€ 14,00 [D], € 14,40 [A]*
ISBN 978-3-492-05772-1

Wenn es erst einmal wach ist, hält es die Welt in Atem: das Pubertier. Es besticht durch seine Begeisterungsfähigkeit für schlechtes Essen und seltsame Musik. Außerdem wächst es wie Chinagras und trägt T-Shirts und Frisuren, die uns dringend etwas sagen wollen.

Ansonsten ist die Kommunikation mit dem Pubertier reduziert, es spricht wenig, dafür müffelt und chillt es ausgiebig. Die Liebe spielt eine immer größer werdende Rolle sowie natürlich die Wahl der richtigen Schuhe. Kurzum: Es wird erwachsen.

Leseproben, E-Books und mehr unter **www.piper.de**

Martin Kühn ist auf Diät ...

Jan Weiler
Kühn hat Hunger
Roman

Piper, 416 Seiten
€ 22,00 [D], € 22,70 [A]*
ISBN 978-3-492-05876-6

Martin Kühn ist verunsichert, als Mann, und nicht erst seit gestern fällt ihm auf, dass er an Attraktivität für seine Frau Susanne verloren hat. Deshalb unterwirft er sich diszipliniert den unbarmherzigen Regeln der neusten Trend-Diät. Bloß wartet das Verbrechen nicht, bis Kommissar Kühn sein Idealgewicht erreicht hat – und so nimmt er ziemlich unterzuckert die Ermittlungen im Fall einer getöteten jungen Frau auf.

PIPER

Leseproben, E-Books und mehr unter **www.piper.de**